U0729065

"中国智能建筑与家居发展战略研究"
课题组成员

课题组组长

江 亿	清华大学建筑学院	教授、院士

课题组成员

王福林	清华大学建筑学院	副教授
陈哲良	清华大学建筑学院	硕士研究生
马 蕊	北方工业大学建工学院	硕士研究生
王美婷	清华大学建筑学院	硕士研究生
沈 启	清华大学建筑学院	博士研究生
姜子炎	清华大学建筑节能研究中心	工程师

序

　　"中国智能城市建设与推进战略研究丛书"，是由 47 位院士和 180 多名专家经过两年多的深入调研、研究与分析，在中国工程院重大咨询研究项目"中国智能城市建设与推进战略研究"的基础上，将研究成果汇总整理后出版的。这套系列丛书共分 14 册，其中综合卷 1 册，分卷 13 册，由浙江大学出版社陆续出版。综合卷主要围绕我国未来城市智能化发展中，如何开展具有中国特色的智能城市建设与推进，进行了比较系统的论述；分卷主要从城市经济、科技、文化、教育与管理，城市空间组织模式、智能交通与物流，智能电网与能源网，智能制造与设计，知识中心与信息处理，智能信息网络，智能建筑与家居，智能医疗卫生，城市安全，城市环境，智能商务与金融，智能城市时空信息基础设施，智能城市评价指标体系等方面，对智能城市建设与推进工作进行了论述。

　　作为"中国智能城市建设与推进战略研究"项目组的顾问，我参加过多次项目组的研究会议，也提出一些"管见"。总体来看，我认为在项目组组长潘云鹤院士的领导下，"中国智能城市建设与推进战略研究"取得了重大的进展，其具体成果主要有以下几个方面。

　　20 世纪 90 年代，世界信息化时代开启，城市也逐渐从传统的二元空间向三元空间发展。这里所说的第一元空间是指物理空间（P），由城市所处物理环境和城市物质组成；第二元空间指人类社会空间（H），即人类决策与社会交往空间；第三元空间指赛博空间（C），即计算机和互联网组成的"网络信息"空间。城市智能化是世界各国城市发展的大势所趋，只是各国城市发展阶段不同、内容不同而已。目前国内外提出的"智慧城市"建设，主要集中于第三元空间的营造，而我国城市智能化应该是"三元空间"彼此协调，

使规划与产业、生活与社交、社会公共服务三者彼此交融、相互促进，应该是超越现有电子政务、数字城市、网络城市和智慧城市建设的理念。

新技术革命将促进城市智能化时代的到来。关于新技术革命，当今世界有"第二经济""第三次工业革命""工业4.0""第五次产业革命"等论述。而落实到城市，新技术革命的特征是：使新一代传感器技术、互联网技术、大数据技术和工程技术知识融入城市的各系统，形成城市建设、城市经济、城市管理和公共服务的升级发展，由此迎来城市智能化发展的新时代。如果将中国的城镇化（城市化）与新技术革命有机联系在一起，不仅可以促进中国城市智能化进程的良性健康发展，还能促使更多新技术的诞生。中国无疑应积极参与这一进程，并对世界经济和科技的发展作出更巨大的贡献。

用"智能城市"（Intelligent City，iCity）来替代"智慧城市"（Smart City）的表述，是经过项目组反复推敲和考虑的。其原因是：首先，西方发达国家已完成城镇化、工业化和农业现代化，他们所指的智慧城市的主要任务局限于政府管理与服务的智能化，而且其城市管理者的行政职能与我国市长的相比要狭窄得多；其次，我国正处于工业化、信息化、城镇化和农业现代化"四化"同步发展阶段，遇到的困惑与问题在质和量上都有其独特性，所以中国城市智能化发展路径必然与欧美有所不同，仅从发达国家的角度解读智慧城市，将这一概念搬到中国，难以解决中国城市面临的诸多发展问题。因而，项目组提出了"智能城市"（iCity）的表述，希冀能更符合中国的国情。

智能城市建设与推进对我国当今经济社会发展具有深远意义。智能城市建设与推进恰好处于"四化"交汇体上，其意义主要有以下几个方面。一是可作为"四化"同步发展的基本平台，成为我国经济社会发展的重要抓手，避免"中等收入陷阱"，走出一条具有中国特色的新型城镇化（城市化）发展之路。二是把智能城市作为重要基础（点），可促进"一带一路"（线）和新型区域（面）的发展，构成"点、线、面"的合理发展布局。三是有利于推动制造业及其服务业的结构升级与变革，实现城市产业向集约型转变，使物质增速减慢，价值增速加快，附加值提高；有利于各种电子商务、大数据、云计算、物联网技术的运用与集成，实现信息与网络技术"宽带、泛在、移动、融合、安全、绿色"发展，促进城市产业效率的提高，形成新的生产要素与新的业态，为创业、就业创造新条件。四是从有限信息的简单、线性决策发展到城市综合系统信息的网络化、优化决策，从而帮助政府提高城市管理服务水平，促进深化城市行政体制改革与发展。五是运用新技术使城市建筑、道路、交通、能源、资源、环境等规划得到优化及改善，提高要素使用效率；使城市历史、地貌、本土文化等得到进一步保护、传承、发展与升华；实现市民健康管理从理念走向现实等。六是可以发现和培养一批适应新技术革命趋势的城市规划师、管理专家、高层次科学家、数据科学与安全专家、工程技术专家等；吸取过去的经验与教训，重视智能城市运营、维护中的再创新（Renovation），可以集中力量培养一批基数庞大、既懂理论又懂实践的城市各种功能运营维护工程师和技术人员，从依靠人口红利，逐渐转向依靠知识与人才红利，支撑我国城市智能化健康、可持续发展。

综上所述，"中国智能城市建设与推进战略研究丛书"的内容丰富、观点鲜明，所提出的发展目标、途径、策略与建议合理且具可操作性。我认为，这套丛书是具有较高参考价值的城市管理创新与发展研究的文献，对我国新型城镇化的发展具有重要的理论意义和应用实践价值。相信社会各界读者在阅读后，会有很多新的启发与收获。希望本丛书能激发大家参与智能城市建设的热情，从而提出更多的思考与独到的见解。

我国是一个历史悠久、农业人口众多的发展中国家，正致力于经济社会又好又快又省的发展和新型城镇化建设。我深信，"中国智能城市建设与推进战略研究丛书"的出版，将对此起到积极的、具有正能量的推动作用。让我们为实现伟大的"中国梦"而共同努力奋斗！

是以为序！

徐匡迪

2015 年 1 月 12 日

前　言

2008 年，IBM 提出了"智慧地球"的概念，其中"Smart City"即"智慧城市"是其组成部分之一，主要指 3I，即度量（Instrumented）、联通（Interconnected）、智能（Intelligent），目标是落实到公司的"解决方案"，如智慧的交通、医疗、政府服务、监控、电网、水务等项目。

2009 年年初，美国总统奥巴马公开肯定 IBM 的"智慧地球"理念。2012 年 12 月，美国国家情报委员会（National Intelligence Council）发布的《全球趋势 2030》指出，对全球经济发展最具影响力的四类技术是信息技术、自动化和制造技术、资源技术以及健康技术，其中"智慧城市"是信息技术内容之一。《2030 年展望：美国应对未来技术革命战略》报告指出，世界正处在下一场重大技术变革的风口浪尖上，以制造技术、新能源、智慧城市为代表的"第三次工业革命"将在塑造未来政治、经济和社会发展趋势方面产生重要影响。

在实施《"i2010"战略》后，2011 年 5 月，欧盟 Net!Works 论坛出台了 *Smart Cities Applications and Requirements* 白皮书，强调低碳、环保、绿色发展。之后，欧盟表示将"Smart City"作为第八期科研架构计划（Eighth Framework Programme，FP8）重点发展内容。

2009 年 8 月，IBM 发布了《智慧地球赢在中国》计划书，为中国打造六大智慧解决方案：智慧电力、智慧医疗、智慧城市、智慧交通、智慧供应链和智慧银行。2009 年，"智慧城市"陆续在我国各层面展开，截至 2013 年 9 月，我国总计有 311 个城市在建或欲建智慧城市。

中国工程院曾在 2010 年对"智慧城市"建设开展过研究，认为当前我国城市发展已经到了一个关键的转型期，但由于国情不同，"智慧城市"建

设在我国还存在一定问题。为此，中国工程院于 2012 年 2 月启动了重大咨询研究项目"中国智能城市建设与推进战略研究"。自项目开展以来，很多城市领导和学者都表现出浓厚的兴趣，希望投身到智能城市建设的研究与实践中来。在各界人士的大力支持以及中国工程院"中国智能城市建设与推进战略研究"项目组院士和专家们的努力下，我们融合了三方面的研究力量：国家有关部委（如国家发改委、工信部、住房和城乡建设部等）专家，典型城市（如北京、武汉、西安、上海、宁波等）专家，中国工程院信息与电子工程学部、能源与矿业工程学部、环境与轻纺工程学部、工程管理学部以及土木、水利与建筑工程学部等学部的 47 位院士及 180 多位专家。研究项目分设了 13 个课题组，涉及城市基础建设、信息、产业、管理等方面。另外，项目还设 1 个综合组，主要任务是在 13 个课题组的研究成果基础上，综合凝练形成"中国智能城市建设与推进战略研究丛书"综合卷。

两年多来，研究团队经过深入现场考察与调研、与国内外专家学者开展论坛和交流、与国家主管部门和地方主管部门相关负责同志座谈以及团队自身研究与分析等，已形成了一些研究成果和研究综合报告。研究中，我们提出了在我国开展智能城市（Intelligent City，iCity）建设与推进会更加适合中国国情。智能城市建设将成为我国深化体制改革与发展的促进剂，成为我国经济社会发展和实现"中国梦"的有力抓手。

目 录
CONTENTS

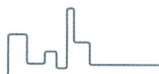

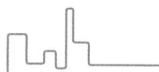

第1章

iCity   **智能建筑的背景与内涵**

一、智能建筑的背景

智能建筑（Intelligent Building）的概念最初由美国联合技术建筑系统公司（UTBS）于 1982 年提出，并于 1983 年落成的美国康涅狄格州哈特福德市的城市广场大厦（City Place Building，Hartford，Connecticut，见图 1.1）中尝试了这一概念。该建筑中实现的智能化功能包括对空调、电梯、紧急疏散等设备的控制，以及通过局域网（LAN）、数字化内线电话自动交换机（Digital Private Automatic Branch Exchanges，PABXs）、电脑等向租

图 1.1　城市广场大厦

户提供的数据、语音通信及其他共享服务，如办公自动化服务（Albert and Chan，1999）。在美国，智能建筑是为了争夺办公楼租户而采取的营销手段，其出现有四方面的社会背景（小寺利夫，1987）：①建筑建设浪潮造成的写字楼过剩和争夺租户的激烈化。1981 年，美国政府为了刺激经济发展，将建筑的折旧年限从 45 年大幅缩短为 18 年，这样出租写字楼的折旧成本就会大大超过租金收益，使得公司利润成为赤字。由于美国的税金是基于利润计算的，利润赤字就可以免交税金。这一经济刺激政策使得美国的建筑投资额从刺激政策前的 350 亿美元增加到 1985 年的 600 亿美元。结果造成美国出租写字楼的供应过剩，平均出租率只有 85%，空置率比较高的写字楼的出租率只有 50%。②技术的进步。当时由于以半导体技术为基础的电子技术发展迅速，由单片机、

存储器、传感器组建的控制系统能够实现比手工操作更细致的控制操作和更可靠的控制效果，这些技术用于采暖、通风、空调、消防、安防、电梯、照明等各种设备的控制中，有望实现建筑设备的无人化管理。③人员成本的高涨。当时，美国的人工费已经变得较高，与雇用较多人工进行建筑设备管理相比，投入一定费用设置智能化系统、以较少的人工进行建筑设备管理的方法更为经济。④通信的自由竞争。当时的美国政府为了实现自由竞争，在通信媒体业、运输业、金融业三领域废除了各种限制、保护制度，旨在提高生产力、改善服务。因此，电话费、机票价格逐年降低，银行的商品、服务也变得丰富多彩。在建筑界，随着微波通信、光纤通信技术的进步，这些设备的建设费用变得便宜起来，很多建筑业主自己安装基于微波通信、光纤通信的设备，这为智能化系统的设置提供了基础平台。

日本建设省（相当于我国住房和城乡建设部）在1986年3月设立了智能建筑推进协会（インテリジェントビル・コンプレックス推進協議会），将智能建筑称为"展望二十一世纪、应对高度信息化发展的高度信息化建筑"，将智能建筑定位为第四代建筑，并根据当时美国提出的智能建筑定义，从通信功能、办公自动化功能、楼宇自控功能、办公室的舒适性四个方面，对全国的建筑进

图1.2　发展大厦

行了大规模的普查统计，最后确定已经建成的建筑中有38栋可以称为智能建筑，另外有26栋设计、施工中的建筑可以称为智能建筑（小寺利夫，1987）。

新加坡、英国、德国等国都十分重视智能建筑的发展，并于20世纪80—90年代，建成了数量不菲、各具特色的智能建筑。

1990年在北京落成的发展大厦（见图1.2）标志着中国智能建筑的起步（龚威，2008），发展大厦实现的智能化功能，包括对空调、电梯、公共照明等设备的远程监控及本地自动控制，安全防范自动报警与监

控、消防报警、自动喷淋灭火及紧急疏散指示系统，以及通信、办公自动化等服务。

二、智能建筑的内涵

关于智能建筑的定义，目前没有一个世界范围广泛认可的定义，而是随着信息技术、电子技术、自动控制技术等的不断发展，以及人们对建筑智能化系统的功能需求的不断提高，智能建筑的概念和内涵在不断地发展变化。智能建筑内涵和外延的发展，经历了五个历史阶段（龚威，2008）：

（1）1980—1985 年，单一功能的多子系统建筑。所有的建筑自动化系统（如安防、门禁、空调、照明、电梯、消防、通信等）均只进行各子系统自己的集成，不同系统之间没有实现集成和通信。

（2）1985—1990 年，少数子系统集成的建筑。相同性质或相似功能的子系统实现了集成，如安防和门禁系统实现了集成，暖通空调等建筑设备的控制系统实现了集成，实现了数字通信、语音通信、视频通信各自的统一网络。

（3）1990—1995 年，建筑层次的系统集成。实现了建筑层次的集成的建筑自动化系统和通信自动化系统，实现了通过调制解调器和电话网络，以及对建筑自动化系统的远程操作。

（4）1995—2002 年，基于计算机集成的建筑。兼容网络逐步取得了应用，实现了基于计算机的建筑层次的集成，实现了通过互联网的远程操作。

（5）2002 年以后，企业或城市级的系统集成。智能建筑系统不再局限于本建筑，而是实现与其他建筑的智能化系统以及与其他信息系统的融合。

智能建筑的五个历史发展阶段总结如图 1.3 所示（Wang，2010）。

企业网络 集成系统	远程财务与求职 服务管理	**ENIS** （企业网络 集成系统）	移动电话通 信（视像）			2002年以后
计算机集成建筑	通过互联网 远程操作	**CIB** （计算机集成建筑）	移动电话通信 （语音、数据）			1995—2002年
建筑层次集成系统	通过调制解调 器远程操作	集成的建筑 自动化系统	集成的通信系统			1990—1995年
集成的多功能系统	安防与门 禁控制	暖通空 调与其 他控制	文字与 数据	语音	视像	1985—1990年
单一功能 集成系统	安防 控制	门禁 控制	暖通空 调控制	照明、 电梯等 控制	数据处 理与通 信	电传与 文字通 信	语音 通信	电视与 图像通 信	1980—1985年
		单一设备				1980年以前

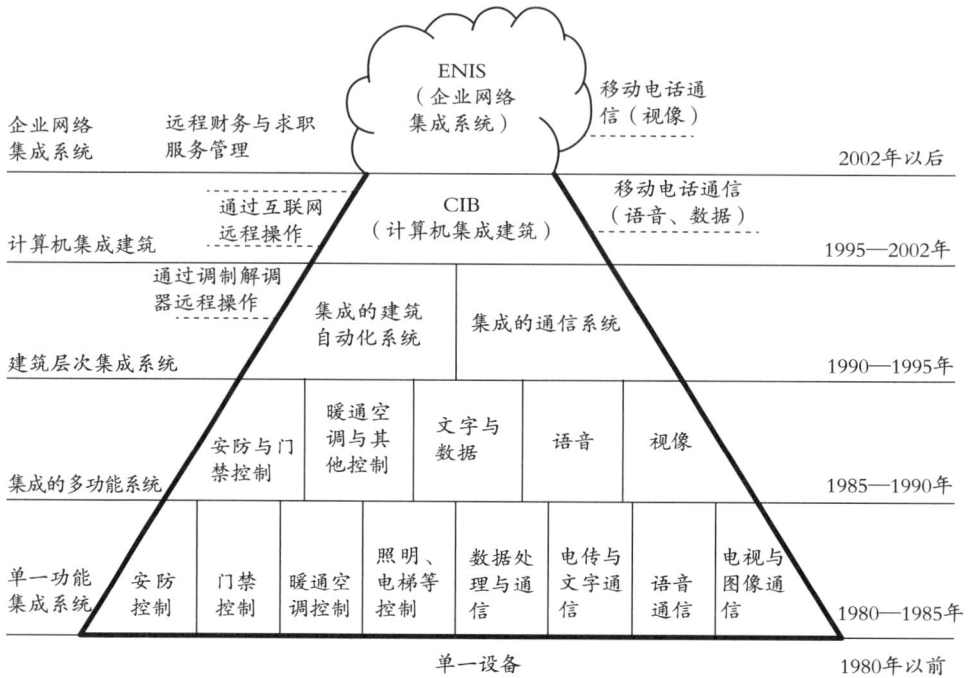

图1.3　智能建筑的五个历史发展阶段（Wang，2010）

不同国家、不同组织从不同的着眼点给出了不同的智能建筑定义。据统计，与建筑智能化相关的定义有 30 种之多（Vijaykumar，2011）。归纳来说，可以分为三类：基于性能的定义、基于服务的定义、基于系统的定义（龚威，2008）。

（1）基于性能的定义：通过列举智能建筑需具备哪些功能来定义。欧洲智能建筑组织（European Intelligent Building Group）和美国智能建筑研究所（the Intelligent Building Institute of the United States）所给出的智能建筑定义都是基于性能的定义。欧洲智能建筑组织将智能建筑定义为：智能建筑是能够创建最大化建筑用户的工作效率的环境，同时能够有效管理资源，最小化硬件和设施的生命周期费用的建筑（Albert and Chan，1999）。美国智能建筑研究所将智能建筑定义为：智能建筑是通过优化建筑的四个基本要素——结构、系统、服务、管理——以及它们之间的相互关系，来提供高效率、低成本的使用环境的建筑（Albert and Chan，1999）。这两种定义都没有提及智能化功能的具体内容以及实现智能化功能的具体技术，而是高度抽象出智能建筑应具有的功能，描述了使用智能化系统应达到的目标。

（2）基于服务的定义：从智能建筑应提供的服务的角度进行定义。日本智能建筑研究所（Japanese Intelligent Building Institute）对智能建筑给出了基于服务的定义，主要着眼于下述四个方面的服务：①提供一个接收和发送信息、支持高效管理的平台；②确保建筑内的工作人员满意和便利；③使建筑运行维护管理更加合理化，以较低成本提供更加体贴的管理服务；④快速、灵活、经济地响应不断变化的社会环境、复杂多样的事务工作和灵活的商业策略（Albert and Chan，1999）。

（3）基于系统的定义：从智能建筑应具有的系统的角度进行定义。在我国，国家标准《智能建筑设计标准》（GB/T 50314−2006）中将智能建筑定义为"以建筑物为平台，兼备信息设施系统、信息化应用系统、建筑设备管理系统、公共安全系统等，集结构、系统、服务、管理及其优化组合为一体，向人们提供安全、高效、便捷、节能、环保、健康的建筑环境"（建设部，2006），规定了智能建筑应该具有的系统，反映了从系统的角度对智能建筑进行定义。新加坡公共事业局（the Public Works Department of Singapore）也从智能建筑应具有的系统的角度将智能建筑定义为满足下述三个条件的建筑：①应该具有高水平的自动控制系统来监控各种设备，包括空调、温度、照明、安防、消防等，为建筑用户提供舒适的工作环境；②应该具有好的网络设施，确保不同楼层间的数据传递；③应该提供足够的通信设施（Albert and Chan，1999）。

亚洲智能建筑研究所（Asian Institute of Intelligent Buildings）综合各种智能建筑定义，从技术和用户需求两个层面综合考虑，给出了较为全面的定义：智能建筑是在对"环境质量模块"合理选择的基础上设计和建造的建筑，通过合理使用建筑设备来满足用户需求，实现建筑的长远价值（Wang，2010）。该定义中提到的"环境质量模块"由下述十个模块组成，较全面地总结了智能建筑所涉及的内容。M1：环境友好性——健康、节能；M2：空间利用与灵活性；M3：成本效益性——着眼于效益进行运行和维护；M4：人的舒适性；M5：工作效率；M6：安全和防卫——火灾、地震、灾害、结构

损坏等；M7：文化；M8：高科技形象；M9：建筑过程与框架；M10：健康与卫生（Wang，2010）。

　　不同时期的建筑科技水平造就了不同的智能建筑工程内涵。智能建筑概念的内涵和外延随着技术的发展和人类的需求变化而不断发展变化，不可能有终极的完美模式，是一个智能功能不断充实、增强的动态过程。

第2章

i City 国内外智能建筑与家居的
研究与发展状况

一、国（境）外智能建筑与家居的研究与发展现状

（一）国（境）外智能建筑研究现状

国（境）外智能建筑相关研究可以总结为三类：创新技术研究、建设前的投资决策分析、建成后的运行性能评价（Wong, et al, 2005）。创新技术研究主要包括系统集成研究（Fu and Shih, 2000; Chan and So, 1999; Wang and Xie, 2002）、网络通信协议研究（Ancevic, 1997; Bushby, 1997; Burmahl, 1990; Chung, et al, 2001; Finch, 1998; Sharples, et al, 1999）、建筑设备系统研究［如暖通空调系统（Chan and So, 1999; Smith, 1997; Bernard and Kuntze, 2001; Lu, et al, 2001; Mugge, 2001; So and Tse, 2001; Trankler and Kanoun, 2001）、照明系统（Chan and So, 1999; Wigginton and Harris, 2002; Myers, 1996; Hetherington, 1999）、消防系统（Chan and So, 1999; Myers, 1996; Thuillard, et al, 2001）、电梯系统（Chan and So, 1999; Hetherington, 1999; Marchesi, et al, 2001; Schofield, et al, 1997）、安防系统（Chan and So, 1999; Trankler and Kanoun, 2001; Thuillard, et al, 2001）及通信系统（Chan and So, 1999; Finch, 2001）］。国（境）外智能建筑技术相关研究总结如表 2.1 所示。

表 2.1　国（境）外智能建筑技术相关研究总结（Wong，et al，2005）

建筑设备系统	软件/程序	硬件/设备	最新发展
楼宇自控系统	•标准通信协议（即BACnet、LonTalk等） •直接数字控制（DDC）	•网络控制单元 •网络扩展单元 •工作站 •专用控制器 •传感器系统	•基于互联网的楼宇自控系统，运行远程监控、操作
暖通空调系统	•时间表周期控制 •无人使用时的控制 •冷机的优化启停 •无人时的夜间通风 •基于空气熵的控制 •负载重置 •零能耗期间的控制 •冷热站的能效控制	•空调箱控制器 •分布式控制器 •变风量箱控制器 •中央冷站控制器 •遍布各使用空间的冷热控制单元 •其他，如温度、压力、流量传感器等	•计算机视觉系统（空调区域内的人数检测，并将人员分布信息传递给控制系统） •基于互联网的暖通空调系统，允许授权用户从任何地方访问楼宇自控系统
照明系统	•有人/无人照明控制程序（基于时间） •其他专门的照明控制程序	•CCD摄像头 •智能照明控制器 •移动传感器 •照度传感器 •其他，如触摸开关	•基于互联网的照明系统
垂直交通（电梯）系统	•电梯操作与监控的专门程序	•电梯传感器 •乘客探测器 •基于神经元网络的控制器 •其他，如CCD摄像头	•基于人工智能的监控系统 •计算机视觉技术用于检测乘客人数，用于电梯控制
消防系统	•火灾预防探测的专门程序	•智能消防控制器 •全部可编址的自动火灾报警与探测系统	•复杂火灾报警系统，包括独立的智能火灾报警和智能初始化电路传感器
安防系统	•安防、探测与安全的专门系统	•智能访问控制器 •CCTV监测、电子卡访问、移动探测、入侵报警、专用在场探测传感器	•基于互联网的安防系统

建筑设备系统	软件 / 程序	硬件 / 设备	最新发展
通信系统	• 私有自动交换机（PABX） • 综合业务数字网络（ISDN） • 局域网（LAN） • 互联网 • 其他运行远程建筑控制监测的软件程序	• 传统电话系统，天线、传输线、放大器、混频器、分频器、重复放大器、衰减器、电视终端接口 • 碟形天线的卫星通信	• 基于互联网的设备运行对建筑的远程控制监测

智能建筑的投资决策分析帮助投资者评价比较几种不同智能化系统方案的费用与效益，帮助投资者进行决策。研究和使用较多的投资决策分析方法有净现值法（NPV）（Wong, et al, 2001）、生命周期费用法（LCC）（Yang and Peng, 2001; Keel, 2003）、费用效益分析法（CBA）（ABSIC, 2001; Wong, 2007）。

关于建成后的智能建筑运行性能评价，很多研究者给出了智能建筑的运行性能评价模型（Yang and Peng, 2001; Arkin and Paciuk, 1997; Harrison, et al, 1998; Preiser, 2001; Preiser and Schramm, 2002; So and Wong, 2002），从横向对比、打分、系统集成度、环境质量评价、收益分析等方面对智能建筑的运行性能进行评价。

（二）国（境）外智能建筑发展现状

国（境）外智能建筑市场发展比较成熟，市场接受度高，市场规模大。英国建筑设备研究与信息协会（Building Service Research and Information Association, BSRIA）统计显示，2009 年北美的智能建筑产品及工程的市场规模达到 200 亿美元（BSRIA, 2010; CABA, 2011），具体的各智能化子系统的产值及所占比例如图 2.1 所示。

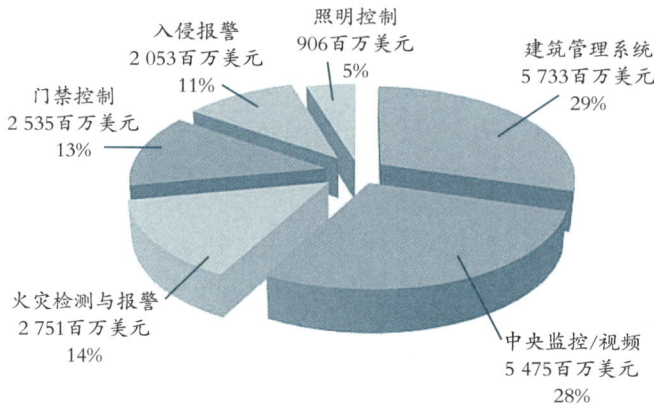

图 2.1 2009 年北美智能建筑市场各智能化子系统的产值及所占比例
（含产品、工程、安装、调试费用）（BSRIA，2010）

（三）国（境）外智能建筑发展趋势

国（境）外智能建筑的发展趋势及技术热点有（Bloom and Gohn，2012）：①更加关注节约建筑能耗、提高建筑性能；②新技术是智能建筑行业发展的主要驱动力，如 IP、无线网、以太网供电（PoE）等；③ IT 行业的障碍（如带宽、安全性）问题得以解决，这极大促进了智能建筑的发展；④应用范围扩大，专门技术增多，系统集成及信息融合产品增多；⑤数据中心智能化程度提高。

阻碍智能建筑发展的不利因素有：①来自建筑管理和 IT 领域的阻力，坚持各自的专门技术与特长，阻止信息融合；②技能的缺乏；③建设机制仍然采用总承包与分包的传统方式；④长期的外部采办合约；⑤ IT 基础设施的历史缺陷，如安全性、停机、带宽等。

二、我国智能建筑与家居的研究与发展现状

（一）我国智能建筑与家居研究现状

我国智能建筑的相关研究非常广泛，可以检索到近千篇探讨智能建筑的文献。这些文献可以分为智能建筑现状与展望、智能建筑节能、智能建筑设

备控制策略、智能建筑工程管理四大类。其中，探讨智能建筑现状与展望的最多，占 67% 的比例；其次是智能建筑节能，占 15%；智能建筑工程管理占 12%（见图 2.2）。这反映出了我国智能建筑相关研究的内容主要处在对智能建筑的初步探讨与展望的阶段。

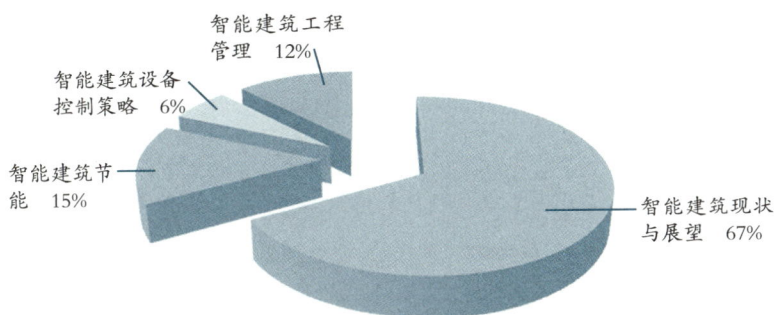

图 2.2　我国智能建筑相关文献的研究内容分布

图 2.3 显示了文献中对我国公共建筑的智能功能的研究频次分布。文献关注最多的智能功能依次为自动调节、设备管理、火灾报警、消防联动和出入控制。

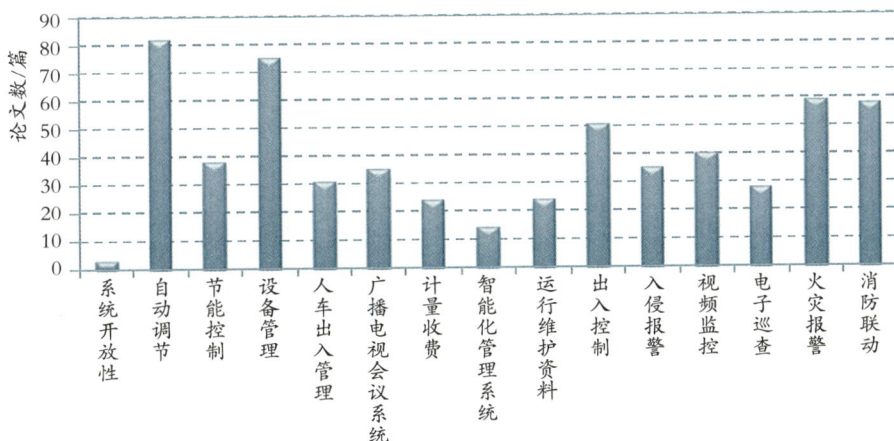

图 2.3　我国公共建筑的智能功能的研究频次分布

图 2.4 显示了文献中对我国家居／社区的智能功能的研究频次分布。文献关注最多的智能功能依次为防盗报警系统、对讲与门禁系统、三表抄送系统、家电控制系统等。

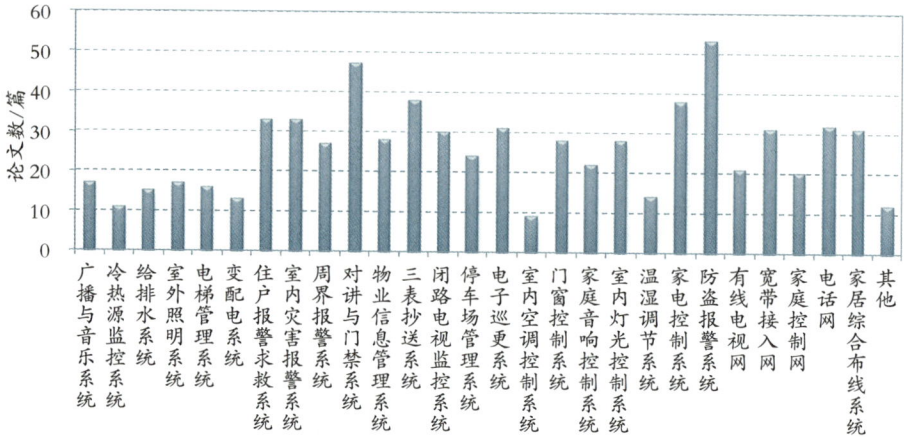

图2.4 我国家居/社区的智能功能的研究频次分布

图2.5 显示了我国智能建筑相关文献的发表年代分布。2003—2007 年为智能建筑相关文献的高峰期，2008 年和 2010 年文献数量下降，2011 年后又开始增长，反映出研究人员对智能建筑的关注度在 2008—2010 年一度下降，最近一两年随物联网、云计算等新技术的兴起，对智能建筑的关注度又开始上升。

图2.5 我国智能建筑相关文献的发表年代分布

（二）我国智能建筑运行现状

我国智能建筑的建设始于 20 世纪 90 年代初，经过 20 多年的实践，已经

16

取得了长足的进步，特别是消防系统、安防系统的发展与运行水平较高。但是，目前楼宇自控系统的运行状况不尽如人意。表 2.2 显示了北京、上海、青岛、深圳四城市楼宇自控系统的运行状况。

表 2.2　北京、上海、青岛、深圳四城市楼宇自控系统运行状况调研结果

调研时间	调研地点	调研结果
2006年	北京	106幢商业建筑中，运行满意的只占25%，完全运行不正常或废弃不用的占30%
2003年	上海	能起重要作用的仅占20%，部分运行正常、还可使用的占45%，35%的系统不能开通使用或运行后发生故障、因无人管理维修而废弃
2005年	青岛	150座写字楼中，正常运行的仅有43座，占29%
2008年	深圳	26幢商业建筑中，开通楼宇自控系统的占26.9%，其中进行了冷站设备集群控制设计的有42.3%，实施的占19.2%，正常运行的不足10%

从表 2.2 的调研结果可以看出，北京、上海、青岛、深圳四城市的建筑智能化系统的运行效果均不令人满意，能够正常运行、起到智能化系统应有作用的所占比例不超过 30%。

为了更加深入地掌握公共建筑智能化的现状以及存在的问题与原因，笔者对 14 栋公共建筑（主要位于北京地区）进行了现场调研。通过调研，对以下几个方面进行了更深入的了解：①目前安装的智能化系统有哪些；②系统运行维护管理人员对于智能化系统的观点；③智能化系统的运行效果、存在的问题及造成问题的原因；④对智能化系统的意见与建议。

14 栋公共建筑的基本信息如表 2.3 所示，并对其中的 5 栋典型建筑的智能化系统的详细信息进行介绍。

表 2.3　现场调研的公共建筑的基本信息

编号	建筑类型	建筑面积 /（$\times 10^4 m^2$）	投入使用时间
FZ	办公楼	5.5	1990年
GD	办公楼	14.0	2011年
SX	办公楼	5.7	2011年

续表

编号	建筑类型	建筑面积 / (×10⁴m²)	投入使用时间
SH	办公楼	5.9	2011年
WD	办公楼	50.0	2006年
GB	展览场馆	19.2	2011年
GH	展览场馆	5.9	2008年
BM	酒店	4.0	2008年
BY	酒店	4.5	2011年
SJ	酒店	18.7	2002年
YS	酒店	1.8	2008年
SW	商业综合体	10.0	2008年
YT	商业综合体	30.5	2012年
JJ	校园建筑	14.0	2009年

1. 典型建筑：FZ 建筑

（1）基本信息

FZ 建筑位于北京市朝阳区东三环北路，为一典型的出租用商业办公楼，一层设有银行、餐厅等配套商业设施。该建筑共 20 层，总建筑面积约为 $5.5 \times 10^4 m^2$。该办公楼的建设目标之一便是实现较高程度的智能化，因此在 1990 年首次投入使用时便已具有较高的智能化水平，而在二十余年的运行过程中，智能化系统、设施等也不断改进，目前仍具有较高程度的智能化水平。

（2）智能化系统

该建筑虽然建成年代较早，但智能化系统构成较为完备，楼宇自控自动化（BA）、安防自动化（SA）、消防自动化（FA）、通信自动化（CA）、办公自动化（OA）等 5A 功能均能实现，另外还具有信息发布系统。系统主要架构方式为传统的中控电脑监测控制各个 DDC，再由 DDC 读取传感器、控制执行器。

楼宇自控系统方面，空调、冷热源、照明、电梯、给排水等子系统均能实现远程监控，其中电梯系统的监控是在后期单独增加的，能够监测轿厢位置并实现远程启停。空调系统于 2003 年进行了改造，更换了整套变风量系统［包括空调箱（Ain Handing Unit，AHU）和变风量箱（Variable Air Volume Box，VAV Box）］，以适应大楼的运行状况，VAV 系统采用总风量法控制空调箱风机转速，基于房间温度控制各 VAV Box 的风阀开度。冷热源系统方面，冷站控制具有较详细的加减机控制策略，冷却塔、水泵等采用变频控制。同时，大楼采用了清华大学建筑节能研究中心研发的电能分项计量系统，详细记录大楼的分项用能情况。

　　安防系统包括常规的视频监控、门禁、对讲等功能；而消防系统具有可燃气体、烟感、温感、手动报警功能，以及自动喷淋、气体灭火功能，并有紧急出口指示系统。图 2.6 为 FZ 建筑主要智能化系统的现场照片。

（a）空调系统

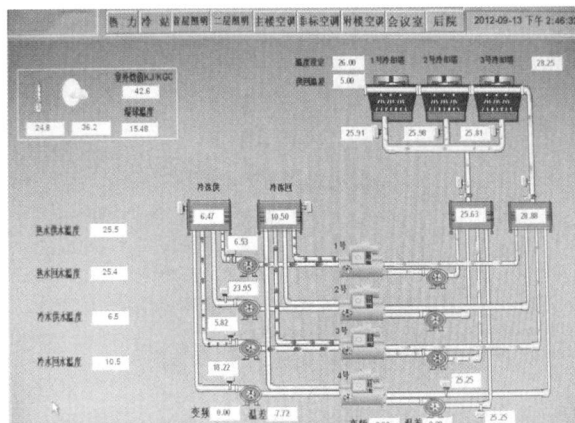

（b）冷热源系统

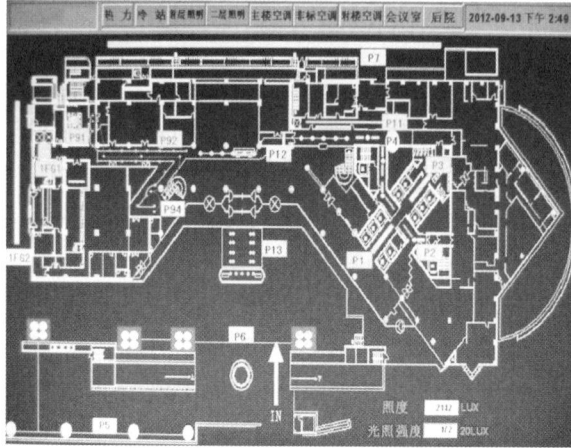

（c）照明系统

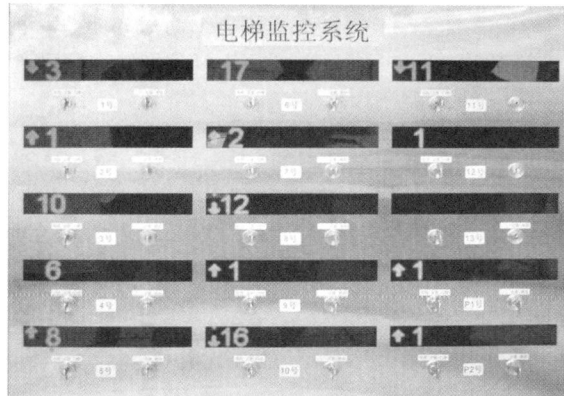

（d）电梯系统

（e）安防系统

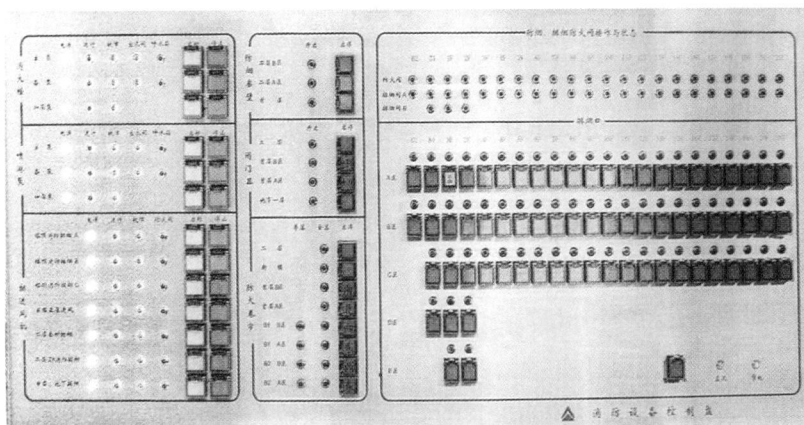

（f）消防系统

图2.6　FZ建筑主要智能化系统

（3）运行维护管理人员访谈

笔者在调研过程中，对大楼物业管理人员进行了访谈。物业管理人员除了详细介绍了大楼智能化系统的状况以外，还提出了一些对于智能化系统的观点。他认为智能化系统能够使管理更便捷，能够减少管理人员工作量，甚至能减少管理人员数量，节约管理成本。同时，智能化系统能够为建筑使用者提供安全、舒适的工作环境，提高其工作效率，他认为"享受智能建筑的人能够最大地感受人的尊严"。智能化系统也能起到节能的作用，特别是空调、冷热源系统中风机、水泵变频运行能带来较大节能量。但是，良好的运行状况基于对系统定期的保养维护，楼内每半年对传感器、执行器等进行维护，自2003年更换改造VAV系统后，已更换了100多个风量传感器；另一方面，智能化系统也对管理人员在技能和知识方面有较高的要求。

总体来看，FZ建筑智能化系统的各方面状况较好。一是因为业主对建筑的智能化水平要求较高，产品和施工质量过关，运行维护管理到位；二是因为管理人员技术水平较高，根据建筑运行需要对智能化系统进行了合理的改造以及定期、及时的维护保养。

2. 典型建筑：SX 建筑

（1）基本信息

SX 建筑位于北京市海淀区玉渊潭南路，为某国有企业自用的办公楼。该建筑有地上 12 层、地下 3 层，总建筑面积约为 $5.7 \times 10^4 m^2$。该建筑于 2011 年 9 月投入使用。

（2）智能化系统

大楼智能化系统同样包括 5A 功能，并具有一卡通和信息发布系统。

楼宇自控系统的架构方式也是传统的"中控电脑－DDC－传感器／执行器"模式。楼宇自控系统的各个子系统中，由于大楼使用的多联机空调机组自带集中管理系统，所以楼宇自控系统仅对空调系统的新风、排风设备进行控制管理，根据季节和用户需求控制新风量。在照明方面，由上位计算机通过总线直接控制照明的供电、调光、开关等模块，并采用了微波人体感应的技术，能实现自动开关调光，用户也可以手动控制。给排水系统能实现监测与报警。而由于电梯生产商未提供接口通信协议，无法监测电梯系统运行情况。

大楼的安防系统具有报警、视频监控等常规功能，并与一卡通系统结合实现门禁系统的管理；消防系统也比较完备。图 2.7 为 SX 建筑主要智能化系统的现场照片。

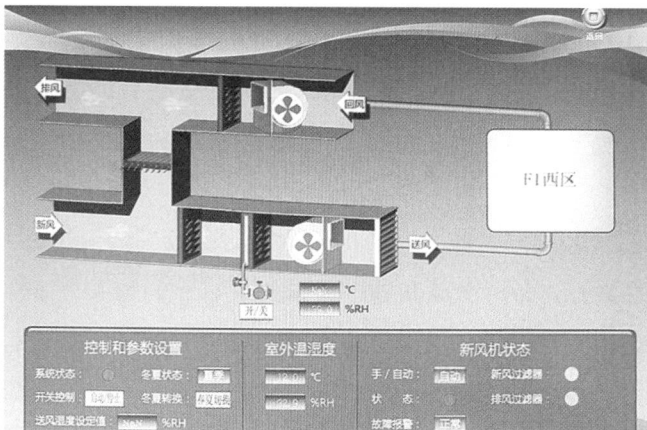

（a）空调系统

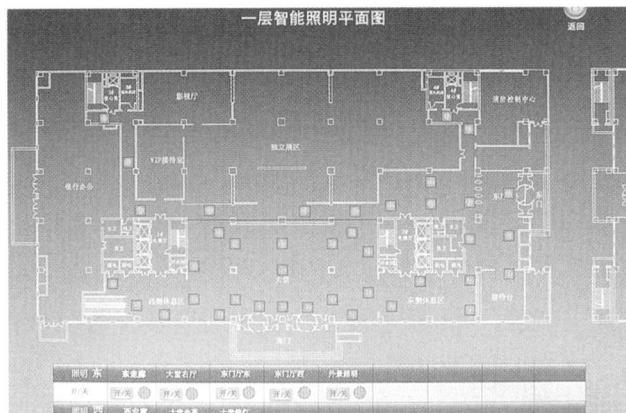

（b）照明系统

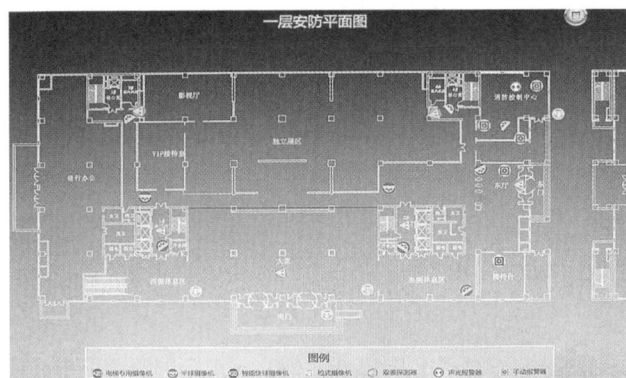

（c）安防系统

（d）门禁系统

图 2.7　SX 建筑主要智能化系统

（3）运行维护管理人员访谈

笔者与 SX 建筑的物业管理负责人和楼宇自控系统总承包负责人进行了交流。当谈及对建筑智能化的观点时，他们认为，在远端便能对楼内状态进行监控，大大节省了人力资源，目前白天仅需 2 名管理人员便能较好地实现管理。他们同时也提出了几个问题或是需要改进的地方：一是部件维修的环节需要改进。目前损坏设备的维修需要争取经费（2 000 元以上的维修需要经过业主同意）和等待供货，维修周期长，若能和供货商签订协议，定期检修，则有问题能够及时解决。二是系统设计过于先进，导致与用户的行为习惯脱节，如用户可能不了解走廊照明的微波人体感应技术，想开灯时仍采用跺脚等方式。而在智能化系统专业人员培训等方面也需要加强。

管理人员提出的这两点问题，与文献调研所得的结论是吻合的。部件维修困难，是产品质量、维护管理方式存在问题的体现；而没有考虑用户习惯的设计，则反映出盲目追求系统先进性的现象。

3. 典型建筑：GB 建筑

（1）基本信息

GB 建筑位于北京市中心，为一大型综合性展馆。展馆总建筑面积约为 $19.2 \times 10^4 m^2$，于 2011 年 3 月竣工投入使用。

（2）智能化系统

由于 GB 建筑面向全国乃至世界，因此其智能化水平较为先进，具有楼宇自控、安防、消防、办公自动化等功能。

楼宇自控系统同样采用传统的 DDC 系统架构方式。子系统设置完善，其中有热水系统供工作人员及游客使用。冷源采用冰蓄冷形式，电价低谷时段，4 台双工况冷机全出力制冰；热源采用市政热网，但也自备热水锅炉；采用两台蒸汽锅炉用于冬季加湿；乙二醇泵、冷冻水泵均采用变频模式，而冷却水泵与冷却塔定速运行，冷源系统形式为一台冷机对应一泵／塔。展馆细化空调系统的控制，不同功能的场所采用不同的温湿度控制精度和控制策略，主要的控制策略是根据温度与设定值的偏差控制水阀开度。而在展厅、库房等场所，对湿度也有严格的控制要求：湿度高于上限时，冷水阀全开，调节热水阀开度控制室内温度；湿度低于下限时，调节冷水阀开度控制室内温度，开蒸汽阀加湿。照明系统细分为室内、景观和应急照明，同时设有晴天、阴天、开幕式、展览等多种照明模式，根据需求开启相应灯具；设有照度传感器，根据照度控制开启的灯具的台数，灯具无调光功能。图 2.8 为 GB 建筑主要智能化系统的现场照片。

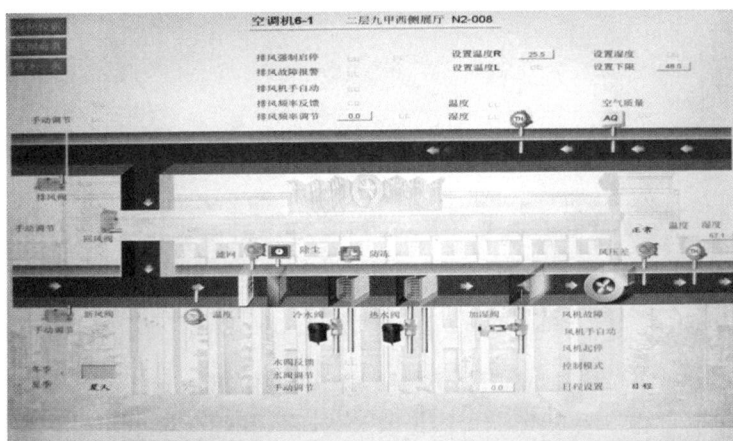

（a）空调系统

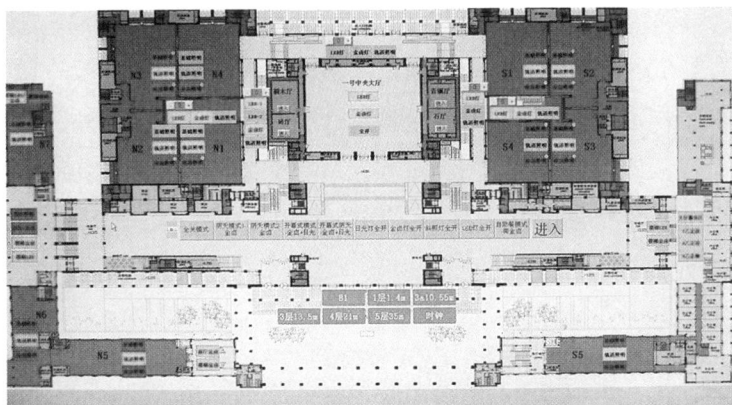

（b）照明系统

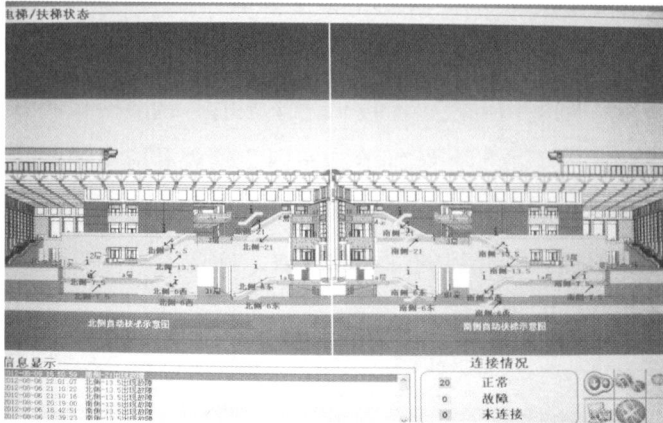

（c）电梯系统

图 2.8　GB 建筑主要智能化系统

展馆的安防、消防系统也十分突出，仅安防系统的监控点数就达到上万个。其中，安防报警采用了红外感应、红外对射等多种形式，并设置了1 000 多处 IC 卡门禁。而消防系统也十分完备，以确保展馆的安全。

（3）运行维护管理人员访谈

访谈中，展馆工程处楼宇自控负责人表示，智能化系统对运行维护管理有很大帮助，由于需管理的点很多，如果没有智能化系统，日常的运行维护管理无法完成。智能化系统精细化的管理有助于节能，但不是建成投入使用即可节能，而是需要在运行过程中，不断摸索出节能的控制策略；相反，如果管理人员的意识和水平不到位，反而可能导致不合理的运行，引起额外的能耗。

总体而言，展馆的智能化水平较高，特别是冷热源系统采用冰蓄冷的形式，空调系统按分区不同需求控制，消防安防管理严格，都体现了展馆的高定位、高标准。

4. 典型建筑：SJ 建筑

（1）基本信息

SJ 建筑位于北京西三环与西四环之间，为一高档、现代化的商务酒店。酒店及其商业、办公区的总建筑面积约为 $18.7 \times 10^4 m^2$，于 2002 年 9 月开业并投入使用。

（2）智能化系统

SJ 建筑的智能化系统具有楼宇自控、安防、消防、办公自动化等功能。系统主要架构形式为传统的 DDC 控制模式。

楼宇自控系统包括空调、照明、电梯、给排水等子系统，而冷站的集中控制系统于 2006 年单独增设，该系统能够实现与冷机通信，获取冷机运行参数、设定值等功能，但冷机不支持远程启停，仍需现场启停。冷机台数、冷冻水泵的供回水温差等均由运行维护管理人员根据天气和经验手动设定；水泵可变频，转速由上述冷站集中控制系统依据供回水温差、压差模糊控制；冷却塔风机则根据冷却水出水温度变频调节。空调系统主要控制温度，根据室内温度与设定值偏差调节水阀开度。图 2.9 为 SJ 建筑主要智能化系统的现场照片。

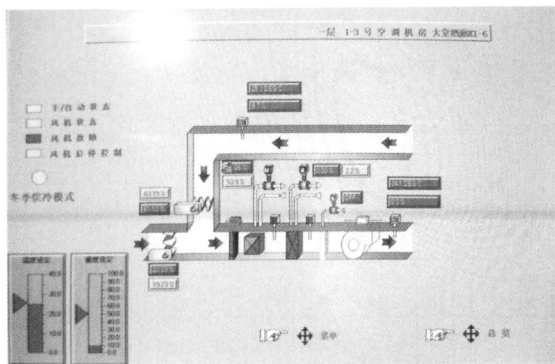

（a）空调系统

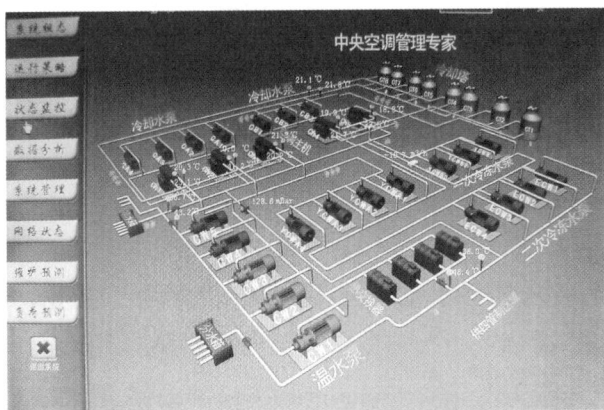

（b）冷热源系统

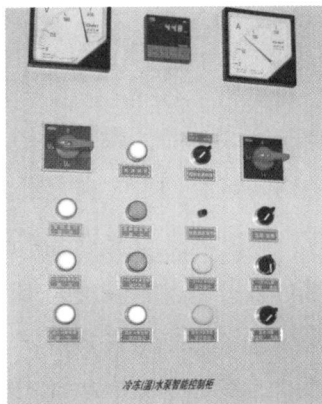

（c）水泵智能控制柜

图 2.9　SJ 建筑主要智能化系统

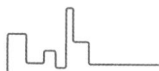

由于条件限制，酒店的消防、安防系统未能进行实际调研，但据管理人员称，两者运行情况较为良好。

（3）运行维护管理人员访谈

笔者与酒店工程处负责暖通部门的工程师和为酒店提供冷站集中控制系统的厂商的工程师进行了交流。访谈发现，酒店的楼宇自控系统没有专门的弱电人员维护管理，而是由暖通运行人员操作，除了设定好空调设备的启停时间表外，基本没有其他操作，智能化系统并未发挥出更大的作用。

而楼宇自控系统自 2002 年投入使用后，从未校正过传感器、维修过控制系统设备，导致约有 10 台空调设备与中央监控通信中断，但由于维修费用较高、控制厂商产品更新换代等，未进行维修，靠 DDC 的本地设置进行启停及控制调节。

可见该酒店的智能化系统并未能发挥出便捷、节能的优势，相反，由于维护管理力度不足、专业运行维护人员缺乏，智能化系统运行情况不佳。

5. 典型建筑：SW 建筑

（1）基本信息

SW 建筑位于北京石景山路，集购物、娱乐、休闲、餐饮等于一身。调研针对该商业综合体的商场部分，建筑面积约为 $10.0 \times 10^4 m^2$，于 2008 年 12 月投入使用。

（2）智能化系统

调研中发现，该建筑具有较完备的消防、安防系统，而在楼宇自控系统施工完成之后，调试没有完成，楼宇自控系统最终没有投入使用，空调、冷热源等系统均未实现自动控制，对照明、电梯等也未进行监控。对冷热源的控制由管理人员根据客户量、天气情况等，靠经验控制冷机供回水温度、开启台数；水泵定转速，多台水泵并联运行，1 台冷机对应 1 台水泵，根据回水温度手动控制水泵运转台数；冷却塔也为定速运行，台数依据其出水温度控制。空调系统中的 AHU 也未能实现自动控制，运行人员手动调节空调箱水阀开度，使室温高于 26℃以满足节能标准，并采用最小新风量；风机盘管

（FCU）的风机挡位由用户自己调节，水阀则根据室温与设定值的偏差控制。

安防系统则较为完善，能实现视频监控、红外感应报警等功能，并有门禁管理系统；消防系统也具有温感、烟感、自动喷淋等功能。图 2.10 为 SW 建筑主要智能化系统的现场照片。

（a）安防系统

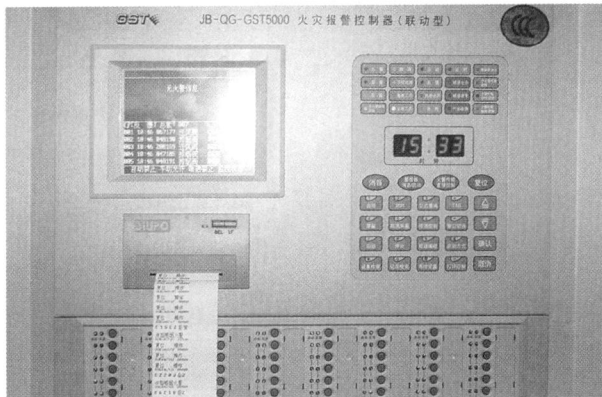

（b）消防系统

图 2.10　SW 建筑主要智能化系统

（3）运行维护管理人员访谈

工程处的工程师表示，该建筑的楼宇自控系统虽然安装了，但是从来未投入使用，安装完成后通信、设备远程动作都没有实现。主要原因是弱电系统的总承包单位对于楼宇自控系统的设计、施工、调试不到位，只是根据建设单位的任务书，靠经验搭建楼宇自控系统，而未对其进行施工图深化设计，导致通信无法实现，系统完全运行不起来。

同时他们认为，智能化系统对运行维护管理有些帮助，特别是在减轻管理人员工作量方面很有优势；但是运行维护比较麻烦，该建筑采用的方式是传感器、执行器出故障时进行维修，而没有定期保养；而且维修费用偏高，更换一个传感器可能需要上千元，自己维护技术不高的话，外包给专业公司管理，费用也很高。

总体来看，该建筑的楼宇自控系统运行状况不佳，由于缺乏合理的设计、施工、调试、验收，楼宇自控未能正常运行，冷站、空调等的调节基本依靠手动操作，自动化、智能化未能实现。

6. 调研结果总结

从对14栋公共建筑的智能化系统的现场调研及与运行维护管理人员访谈中，可以总结出目前公共建筑智能化系统的现状。

（1）智能化系统目前最受欢迎的功能是能够使建筑的运行维护管理变得方便，减轻人员工作量；也在一定程度上提高了建筑的安全性、舒适性。

（2）由于安防、消防系统关系到生命财产安全，且结构组成较为简易，并有明确的法规标准要求其审核、检查过程，因此在安防和消防系统方面智能化水平较高，不同建筑在安防和消防系统的架构方面都大同小异，且基本功能齐全，运行状况较为良好。

（3）在楼宇自控方面，实现的功能和预期功能有较大差距，而各建筑之间楼宇自控智能化水平存在较大差异。主要问题体现在以下几个方面：

①部分子系统功能缺失。以冷热源系统为例，调研的14栋公共建筑中，仅有4栋将冷热源系统集成到楼宇自控系统中，其余建筑的冷热源系统因通信问题无法接入楼宇自控系统。而对冷热源的控制也基本停留在"只监不控"的水平，即在控制室能够监测到冷机等的开关机状态、进出水温度等参数，但无法实现对其的远程控制。此外，控制多数只实现了远程启停，加减机等控制策略由操作人员根据天气、经验等手动进行，没有实现自动加减机。

②传感器等设备需要定期维护保养，较少的建筑能够做到这一要求。

通风空调系统中的传感器容易产生漂移或损坏是不少技术人员指出的典型问题，这与产品质量和设计施工质量、使用环境均有关。传感器的异常对于节能运行可能是极其不利的，有时会造成比没有自动控制更费能的尴尬结果。由于智能化系统监控点数多、设备维护成本较高，加之一些进口品牌的设备在更换维修时需要等待厂商供货、征求业主意见等原因导致维护周期长，使智能化系统的维护不及时，这是造成智能化系统被弃用的一个主要原因。

③设计、施工、调试、验收水平存在差异。一些建筑由于有较高的定位，在设计、施工、调试、验收方面的要求较为严格，因此其楼宇自控系统较为完善，且运行较为良好；而也有一些建筑由于缺乏合理的设计、施工、调试、验收，导致楼宇自控系统智能化水平低，甚至出现子系统未接入、无法通信、无法投入使用等严重问题。

④运行维护管理人员技术水平参差不齐。部分大楼智能化系统的运行维护管理人员具有较高的专业水准，有能力进行系统的更改甚至添加；而与之相反的是，一些大楼的智能化系统管理人员专业水平较低，很多运行维护人员不懂英文，而市场上90%的楼宇自控产品为国外厂商生产，产品、系统软件的深层说明为英文，使得运行维护人员无法维护、操作出现英文界面的楼宇自控系统软件。

⑤节能运行实现状况差。节能运行作为智能化系统的重要作用之一，需要系统中各个环节的相互配合，需要建立在正确的传感器测量和正确的执行器动作的基础之上。然而，上述问题的存在无疑使智能化系统的功能大打折扣，无法实现其应有的节能效果。如果将楼宇自控系统功能的从低到高分为四个级别：状态监测、远程动作、自动调节、优化运行，那么调研的14栋建筑的楼宇自控系统的功能如图2.11所示，约60%的建筑的楼宇自控系统仅能实现环境参数和设备运行状态监测、远程动作的功能，实现自动调节、优化运行的建筑不到7%。

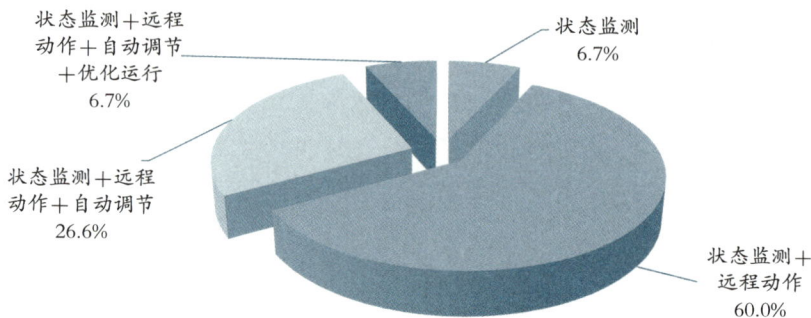

图 2.11　调研建筑的楼宇自控系统的功能

　　在与各建筑运行维护管理人员进行交流的同时，笔者也调查了他们对建筑智能化系统现状等的观点。其中，对于智能建筑未达到预期功能的原因，结果如图 2.12 所示。从中可以看出，大家认为造成目前智能建筑未达到预想功能的主要原因是施工质量问题、测试与性能检验不充分、运行维护人员培训不足等。

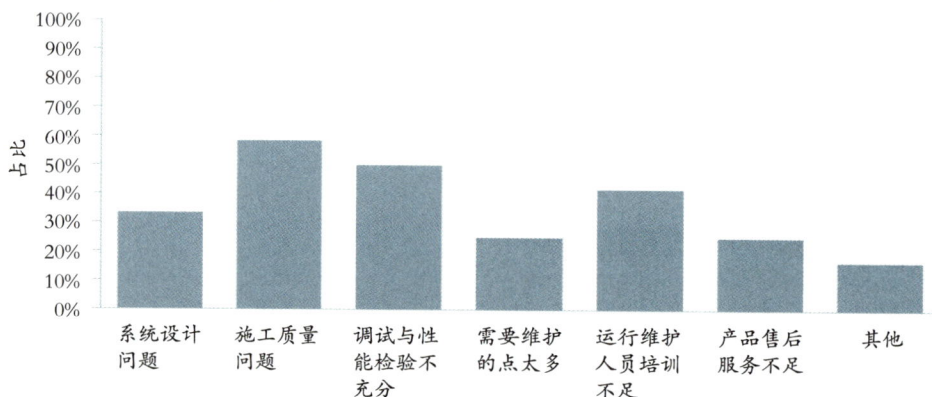

图 2.12　运行维护人员认为的智能建筑未达预期功能的原因

　　对于"哪些措施有助于实现智能建筑预期的功能"这一问题，大家的观点如图 2.13 所示。其中超过 80% 的人认为是全过程的性能检验，也有 50% 左右的人认为对于设备的定期维护、相关规范标准与政策法规的制定与完善等措施有利于改善智能建筑的现状。

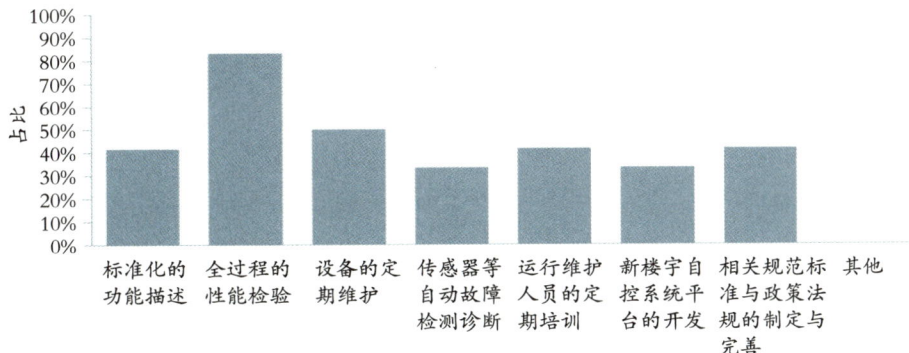

图 2.13　运行维护人员认为的有助于智能建筑实现预期功能的措施

（三）我国智能家居与社区运行现状

为了清晰准确地掌握智能家居与社区的现状，笔者挑选了位于北京的普通、早期中档、近期中档、高档和养老五类典型住宅区，进行了现场调研。通过调研，笔者希望可以对以下几个方面有更深入的了解：①目前安装的智能化系统有哪些；②业主对于智能家居的认知程度；③物业管理人员对智能化系统的意见与建议；④智能化系统的运行效果；⑤业主和物业管理人员的使用需求。

五个典型住宅区的信息总结于表 2.4。

表 2.4　调研的住宅区的基本信息

编号	建成时间	定位	建筑面积 / （×10⁴m²）	地理位置
LQ	2000年	普通	18.5	海淀区成府路
LE	2004年	早期中档	19.7	海淀区西二旗
LN	2011年	近期中档	47.0	海淀区西二旗
XS	2004年	高档	17.6	海淀区圆明园西路
DF	一期2003年 二期2005年 三期2008年	养老	70.7	顺义区潮白河畔

1. 普通社区：LQ 社区

（1）基本信息

LQ 社区位于北京市海淀区成府路，毗邻清华大学等高等学府，这里是各方高端人才和高新技术的聚集地。该社区总建筑面积为 $18.5 \times 10^4 m^2$，"四季常青、桃李满园、赏心悦目、怡情休闲"为其建设主旨。该社区从 2000 年开始作为高校教师的居住公寓，落成已有十余年时间。LQ 社区的主要房型为普通板楼，地处黄金地段，该社区的绿化率只有 30%。图 2.14 所示为 LQ 社区外观与主要智能化设备。

（a）LG 社区外观

（b）视频监控摄像头

（c）楼栋门禁

图 2.14　LQ 社区外观与主要智能化设备

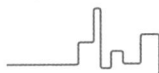

（2）智能化系统

该社区建成年代较早，社区业主为高校教师，由于受建设成本限制，建造时并未过多考虑智能化的设计，所以安装时用的智能化系统并不多。笔者调查到的智能化系统有视频监控系统、单元门禁系统。2012 年增设了社区门禁系统，并增设了更多的视频监控摄像头。这说明保障安全的视频监控与门禁系统是住宅区对智能化系统的最基本的需求。

（3）业主访谈

在社区中笔者随机采访了几位正在照看孩子的中老年人。通过交谈，笔者发现该社区的业主对于智能家居系统非常感兴趣，因为该社区大部分居住人群是高校上班族，平日里工作繁忙，对于做饭、洗衣这种生活小事希望有机器代为进行，节省宝贵时间，但是价格依旧是大家考虑的首要因素。如果家中有老人的，还需要自动清扫的机器，以解决老人不方便做家务的问题。参与调查者认为非常需要的智能化系统是户内紧急呼叫系统，因家中不具备专业的医疗知识，希望该系统与医院联动，及时对病人进行抢救。

关于家电的智能控制，参与调查者认为空调系统如果可以根据室外温度来调节室内温度或是控制启停是非常方便的，尤其需要在夜间根据睡眠情况对室内温度进行调节。这不但对人体健康有益，而且能够节约能源，避免浪费。对于新型的利用峰谷分时电价的储能空调，参与调查者认为技术成本高，加之白天需要靠电来蓄冰也许比晚上开普通空调更耗电，因此持观望态度，目前不会考虑使用。

在利用智能化系统实现节能或者节省费用方面，对于利用峰谷分时电价自动启动电器这一新兴系统，参与调查者表示要看电价差多少，如果相差不多感觉不太划算。此外，电价较低时段为夜间，如果夜间启动电器，噪声可能会影响家人及邻居休息，而且如果机器发生故障，不能及时处理怕会引发火灾等问题。

2. 早期中档社区：LE 社区

（1）基本信息

LE 社区位于北京市海淀区上地，总建筑面积为 $19.7 \times 10^4 \mathrm{m}^2$，容积率为 1.67，绿化率为 35%，为低密度、低容积率的高品质居住社区，其主要住宅户型包括联排别墅、五层低高度板楼、板式公寓等房型，竣工入住时间为 2004 年。图 2.15 所示为 LE 社区外观与主要智能化设备。

（a）LE 社区外观

（b）视频监控摄像头　　　　　（c）楼栋门禁

图 2.15　LE 社区外观与主要智能化设备

（2）智能化系统

LE 社区安装的智能化系统比较多，室内有红外传感器、可视对讲门禁、燃气泄露报警器，室外有电子巡更、电子信息发布、社区入口行人及机动车门禁系统。但是，由于某些智能化系统在实际使用中发挥的作用并不大，以及考虑到维护成本的原因，所以没有进行维护保养，最终废弃不再使用。图 2.16 显示了不再被使用的智能化系统，包括可视门禁对讲的视频部分、室内红外感应报警器、电子巡更系统、社区入口的机动车门禁（原来的刷卡自动抬杆系统变成人工手动抬杆）。

（a）楼栋可视门禁对讲的视频部分　　　（b）室内红外感应报警器

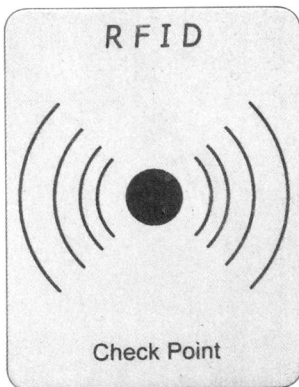

（c）电子巡更系统　　　（d）社区入口的机动车门禁

图 2.16　LE 社区停止使用的智能化设备

（3）业主访谈

LE 社区的业主对智能家居表现出极大的兴趣，并提出了对智能家居系统功能的期望。内容包括：通过智能防盗系统的利用，取消影响美观的防盗网；水、电、煤气系统的方便使用与调节的智能功能；与空调联动的智能开关窗功能；通过集中控制面板，远程控制家电；类似医院病床那种床头控制功能，方便卧床老人在一个房间中解决所有的事情，对常人也可提供便利，如夜间去厕所时通过床头开灯等；提供家门锁了没有、灯关了没有等的信息反馈功能；自动定时开关洗衣机的功能；利用峰谷分时电价自动启动电器的功能，但要看电价差多少，并且担心夜间洗衣服太吵；残疾人轮椅与楼宇自控系统的通信遥控功能；重要的物品的智能管理功能等。这些功能需求，很多属于智能家居功能的前沿内容，有待今后通过技术的发展来实现，同时体现了智能家居发展的巨大潜力与美好前景。

3．近期中档社区：LN 社区

（1）基本信息

LN 社区位于北京市海淀区西二旗地区，总建筑面积为 $47.0 \times 10^4 m^2$，容积率为 1.13，是中关村北部科技核心区的低密度、低容积率的高品质居住社区，户型包括独栋别墅、联排别墅、双拼别墅、情景洋房、宽景洋房、意境洋楼、阳光薄板七种类型，竣工入住时间为 2011 年。图 2.17 所示为 LN 社区外观与主要智能化设备。

（a）LN 社区外观

（b）视频监控摄像头　　　　　　　　（c）红外入侵报警系统

图 2.17　LN 社区外观与主要智能化设备

（2）智能化系统

LN 社区定位为中高档品质住宅，所以配套系统也相对完善。目前投入使用的智能化系统有视频监控系统、周界报警系统、社区入口门禁系统、可视对讲门禁系统、户内一键报警系统、窗磁报警系统。在社区的人员密集地区设有广播设施，社区内绿地每天早上会播放轻音乐。单元的门禁系统采用了可视对讲系统，但是视频功能已经损坏，无法接收到清晰的视频信号。

物业管理人员认为该社区的部分智能产品在设计上不够完善，例如，门禁系统没有设置避雷设备，经常出现因打雷损坏设备的情况。社区的门禁系统采用串联设计，一旦一个门禁出现故障，就会造成整片社区门禁瘫痪的现象，并且排查起来费时费力。让物业管理人员头疼的问题还有不同厂家产品间的不兼容性，出现故障时只能采用原厂家配件进行维修，周期长，价格高，受制约大。

（3）业主访谈

LN 社区居住的都是相对高收入人群，所以对智能产品的功能需求较高。社区业主考虑到私密性以及安全性，希望社区中的门禁系统可以有人脸识别功能，这样可以省去输入密码的麻烦，也可以解决忘带门禁卡而不能回家的问题。但是由于数据采集量比较大，设备成本较高，数据库更新频率较快，目前还难以马上推广使用。同时，参与调查者还反映随着社会老龄化的加剧，将会出现更多的空巢老人，智能型的机器人代替子女照顾父母将成为未来发展的必然趋势。入户门禁系统设计过于复杂，对老年人的出行造成了障碍。那些腿脚不便的老年人尤其希望家中可以有自动清扫设备，帮助自己做家务。

对于利用峰谷电价自动启动电器，主要影响用户是否使用的因素是夜间会否影响到自己及邻居的休息，在价格上不会考虑过多。参与调查者还提出社区内频繁有房屋中介人员进入，很容易将密码泄露给外人，这样门禁系统就无法起到安防的作用。希望物业可以在一段时间内对这些人员进行授权，过期之后则不能随意出入。调研发现，LN社区的业主对智能化系统的认知程度、使用程度高，对期望改进的功能有明确的认识和需求。

（4）LE社区与LN社区的比较

LN社区与LE社区为同一开发商开发的住宅社区。由于两个社区开发商相同、定位相同、地理位置邻接、建成年相差近10年，因此，对这个社区的智能化系统设置及使用情况的比较，特别有利于分析出智能化系统的发展趋势及用户需求的变化趋势。在老社区采用了而在新社区没被采用的智能化设备有电子巡更系统、室内红外报警系统、室内可燃气体报警系统、公共信息发布LED屏。新社区新采用的智能化设备有周界报警系统、窗磁报警系统、室内一键报警系统。老社区采用、新社区仍然采用的智能化设备有视频监控系统、社区入口门禁、楼栋可视对讲门禁。虽然新社区采用了与老社区不同生产厂家的可视对讲门禁，但是两个社区的可视对讲门禁的视频功能均无法正常显示视频信号，反映出了这项技术的可靠性、使用寿命仍然有待进一步改进。老社区安装了的电子巡更、室内红外报警系统等在新社区没有安装，说明开发商认为这些智能化设备没有作用，而周界报警系统、窗磁报警系统等是新社区安装而老社区没有安装的智能化设备，说明开发商认为这些设备是有实际效用的设备。

4. 高档社区：XS社区

（1）基本信息

位于风景秀丽的京密引水渠畔的XS社区，建筑面积为$17.6 \times 10^4 m^2$，建筑容积率为 1.1。从社区规划到配套设施的建设，社区承袭了中国人对宅院生活的需求，由数个大院组成，又打破了传统宅院的封闭感，是中关村低密度住宅的典范。该社区于 2004 年建成入住。图 2.18 所示为 XS 社区外观与主要智能化设备。

（a）XS 社区外观　　　　　　　　　　　　　（b）视频监控摄像头

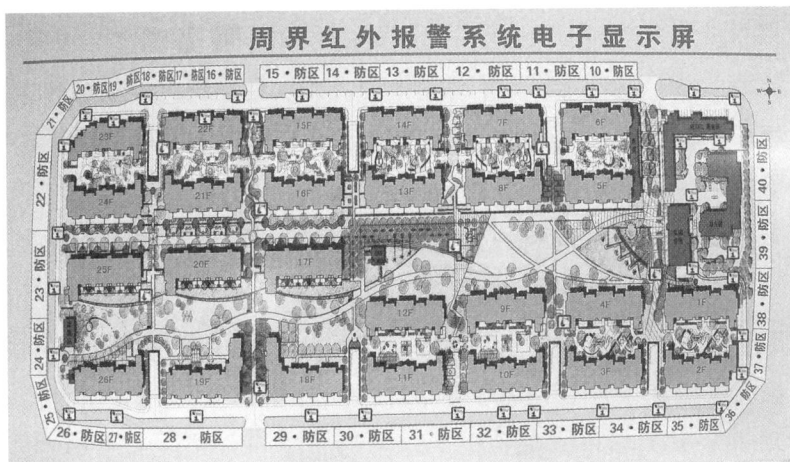

（c）周界红外报警系统监控界面

图 2.18　XS 社区外观与主要智能化设备

（2）智能化系统

目前安装使用的智能化系统有视频监控系统、周界红外报警系统、社区入口门禁系统、车辆出入管理系统、公共信息发布系统、可视门禁对讲系统、可燃气体报警系统、红外探测报警系统、公共区域中央空调控制系统、消防控制系统。从智能化系统投入使用开始的近十年间，社区聘请了专业物业公司进行管理，系统运行良好。

社区物业公司管理人员反映智能化系统确实让物业公司节约了部分人力，但系统也经常出现异常情况。例如，周界红外报警系统在秋季落叶时节，常因落叶误触报警器而发出警报，每天物业管理人员都要到现场确认处理，既耗费大量精力又容易产生麻痹大意的心理，贻误了处理紧急情况的时机。如果可以对触发报警的物体进行识别，或者出现报警时自动把摄像头转向报警点，就可以迅速判断警报情况，并能减少工作量，节省人力，提高工作效率，防止应对动作的延误。此外，由于信号传输的滞后性，当系统报警后，反应时间过长，极易错过最佳采取措施时间，物业管理人员希望智能化系统在这方面能够改进。物业管理人员认为门禁系统最好还是能添加面部识别功能，方便取证、控制访客在社区内的进出，但开发商认为成本过高、性价比低而不愿投入使用，所以尚不能广泛普及。物业管理人员建议应加大在视频监控系统上的投入，因为案件多发期多为夜间，如果摄像头信号不稳定，分辨率不够，则对破案不能起到作用，建议更换彩色摄像头和夜视摄像头。门禁系统有时由于电脑的故障会整体瘫痪，只能靠断电开门。希望在电子锁的基础上保留机械开锁的方式，当断电后，依然可以用钥匙打开，这样既不耽误业主使用，又方便物业进行检修。

（3）业主访谈

关于智能家居系统，参与调查者的看法是：①社区内应该建立住宅设备的数据库，方便业主在维修时直接联系到厂家，而不是每次维修都需要物业管理人员重新联系，浪费财力、精力、时间；②在家中不需要照明、家电、门窗自动控制系统，性价比不高，产品的质量没有保证，后续维修花销大，并且过于专业，一旦电脑出现问题会导致电器无法使用；③希望可以将电视、手机、电脑、燃气设施联动，方便远程控制、查看信息文件，实现实时共享；④关于自动清扫工具，因为达不到一定的深度和精度，不如人工清理，所以没有这方面的需求；⑤家中有患病老人的业主则希望能有照顾老人的机器人，可以陪老人聊天、提醒老人吃药，通过摄像头还可以查看老人的行动，并且家中最好能有直接呼叫医院的联络系统，可以使医院在病人到达前提前做好准备，减少等待时间，为病人争取到最佳治疗时间。对现有智能化系统的不足，参与调查者提出了自己的希望：一是关于社区的自动停车管理系统，一旦忘带或丢失 IC 卡将不能进出地下车库，必须联系物业才能进门，但在地下车库没有信号，无法联系物业，步行路程又很远，非常不方便。二是业主希望能有多种方式启动门禁系统，以备不时之需。

5．养老社区：DF 社区

（1）基本信息

坐落于北京市顺义区潮白河畔的 DF 社区占地 $234 \times 10^4 m^2$，而建筑面积仅为 $70.7 \times 10^4 m^2$。该社区是以"开退休社区之先河，立晚年幸福之标准"为目标建设的典型老年社区，共分为三期。其规划为一期主要包括联排别墅、点式公寓和板式公寓；二期以连体别墅、独栋别墅和四合院为主；三期则是由点式和板式公寓组成。该社区以其 80% 的高绿化率、对老年人贴心的设计吸引了大量的高知分子、高收入退休老人入住。图 2.19 所示为 DF 社区外观与主要智能化设备。

（a）DF 社区外观

（b）视频监控摄像头

（c）机动车牌自动识别门禁

图2.19　DF社区外观与主要智能化设备

（2）智能化系统

因为该社区主要是面向老年人，考虑到老人接受能力比较弱、记忆力不好等特点，该社区只安装并投入使用了部分智能化系统，分别是视频监控系统、社区入口门禁系统、单元门禁系统、可燃气体报警系统、户内报警系统。

物业公司对于智能化系统的使用感受是喜忧参半。在使用初期，这些电子设备的帮助节省了大量的人力开销，并且对于突发事件的处理更加及时，提高了工作效率。以社区门禁系统为例，智能化系统有效地控制了外来无关人员的进入，并可对进入社区的人和车辆进行图像采集，在发生案件时，可

为公安机关提供详尽的影像资料。物业管理人员认为智能化系统的缺点是缺乏灵活性、部件易损坏等影响了其使用的便捷性。由于系统前期资金投入大，后期所需要的维护保养费用又很高，物业部门认为很难收回成本，所以对智能化系统的推广心存顾虑。

（3）业主访谈

笔者对在社区中休闲的老人进行了随机采访。由于住在这里的大部分都是老人，目前其最大的需求就是需要设置户内医护人员呼叫装置。而该装置并没有在社区内全面实施安装，而只是在最新一期楼盘中使用。老人大多没有儿女在身边照顾，发生紧急情况时如能及时得到救治，将能挽救一个家庭。

业主抱怨比较多的是楼栋门禁时常发生故障，读卡器不能正常使用，而作为替代的密码功能又因为所有楼门全部相同而让业主觉得没有安全性可言，业主希望维修人员能有更高的水平。

对于家居，如煮饭、窗帘开关的定时控制，业主认为实用性不高，且对老年人来说过于复杂。关于扫地机器人等智能化的家务产品，价钱是主要制约因素，而且老人认为适当做些家务可以锻炼身体，过分依赖机器反而容易生病。该社区总体智能化水平并不是特别高，只有一些基本的安防、家居服务，这是由于该社区主要面向老年人这一特殊人群，过于复杂、先进的智能化系统并不必要。对于建筑、社区的智能化，用户的需求应摆在第一位，对客户进行准确定位，先进技术的采用只是更好地为用户服务。

6．调研结果总结

通过对五类典型社区的智能化系统的现场调研，可以总结出以下启示：

（1）业主与物业管理人员对家居与社区智能化系统显示出了极大的兴趣，持欢迎态度，说明智能家居与智能社区系统具有极大的用户需求与市场潜力。

（2）智能门禁、智能安防、一键就医、家居设备的远程监测是业主最希望使用的智能功能，这些实用性高的智能化功能很受欢迎；而家电的自动运行等智能功能没有受到大多数人的青睐。

（3）视频监控、报警与视频的联动、降低智能化系统维护保养成本、改

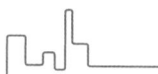

善智能化系统设计与施工质量、提高产品兼容性是物业管理人员对社区智能化系统的希望。

（4）视频监控、周界报警、社区入口门禁、楼栋门禁是各类社区普遍采用的智能化系统，而社区电子巡更、LED 信息发布、户内红外报警则逐渐退出了智能家居与社区的舞台。这体现了开发商对社区智能化的投入转向了具有更高实用价值的系统。

（四）我国智能建筑产业市场现状

英国建筑设备研究与信息协会（Building Services Research and Information Association，BSRIA）对我国与欧盟国家的智能建筑的楼宇自控系统发展水平进行了比较，指出我国与欧盟国家中楼宇自控系统发展最落后的西班牙相比，还有较大差距（Deng，2009）。图 2.20 显示我国智能建筑的楼宇自控系统发展状况与欧盟国家的比较，横轴的人均智能化系统销售额代表了对建筑智能化系统的接受程度（Penetration），纵轴的人均智能建筑建设和改造量代表了智能建筑是市场潜力（Potential），我国的智能建筑接受程度和市场潜力都比较低。

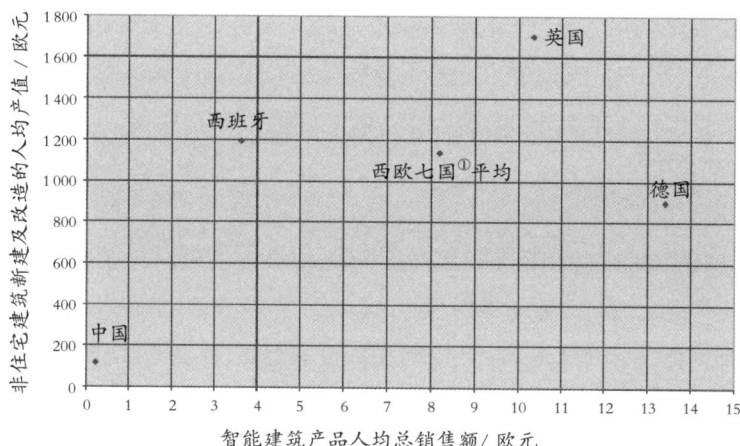

图 2.20　我国智能建筑的楼宇自控系统发展状况与欧盟国家的比较（Deng，2009）

图 2.21 显示了我国智能建筑的楼宇自控系统市场规模与世界各国的比较

---

① 包括比利时、法国、德国、意大利、荷兰、西班牙、英国

（Deng，2009）。我国楼宇自控系统的营业额只占到全球总营业额的 3.6%，相比于北美的 29.0%、西欧七国的 29.6% 来说，还相差较大。

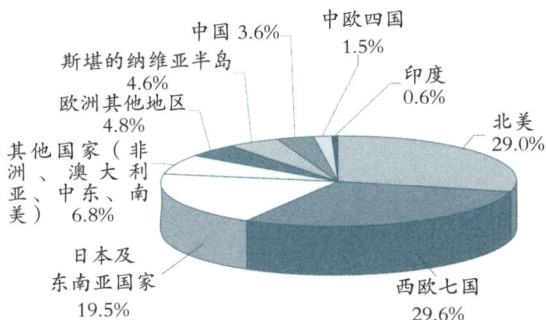

图 2.21　我国智能建筑的楼宇自控系统市场规模与世界各国的比较（Deng，2009）

图 2.22 显示了 2008 年我国智能建筑的楼宇自控系统市场营业额及各分项的数额（Deng，2009）。2008 年，我国智能建筑的楼宇自控系统市场的总营业额约为 34 亿元，其中控制器、传感器、执行器费用，施工调试费用，第三方利润各占约 20%，系统维护保养费用占 10%。

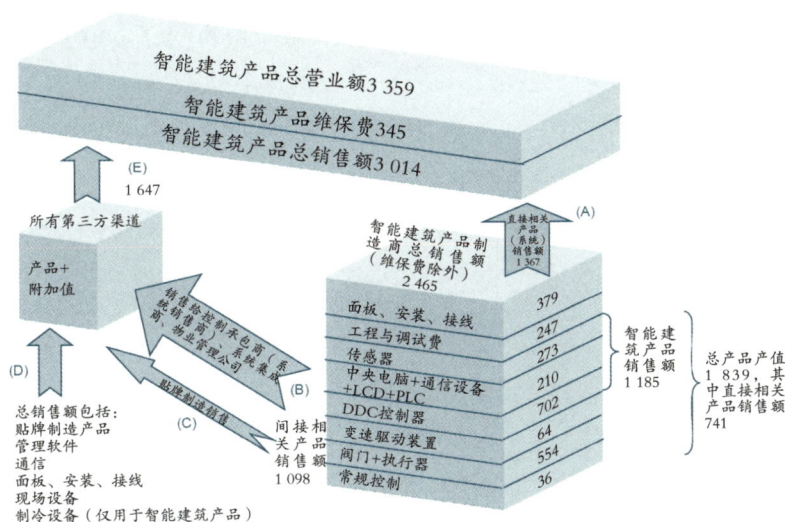

图 2.22　2008 年我国智能建筑的楼宇自控系统市场营业额及各分项的数额（单位：百万元）（Deng，2009）

图 2.23 显示了 1996—2008 年我国智能建筑的楼宇自控系统市场营业额的逐年变化情况（Deng，2009），每年约有 11%~12% 的增长。

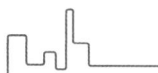

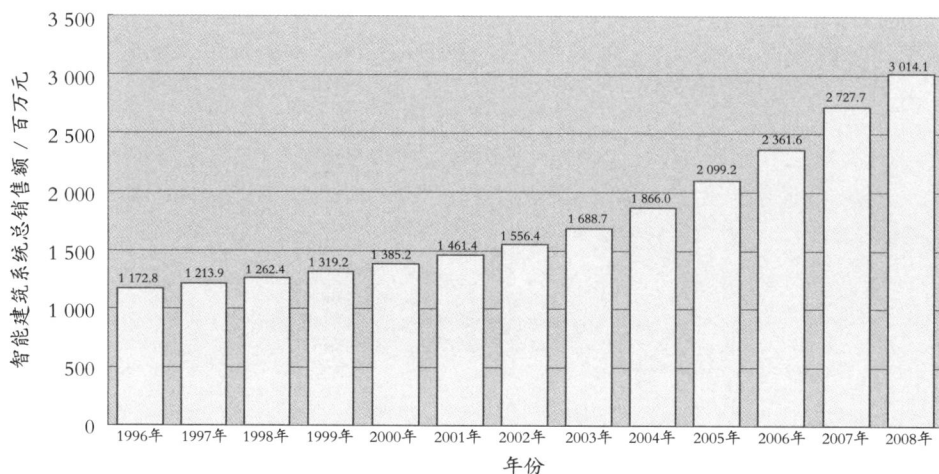

图 2.23　1996—2008 年我国智能建筑的楼宇自控系统市场营业额的逐年变化情况
（不含维护保养费用）（Deng，2009）

表 2.5 显示了 2008 年我国智能建筑的楼宇自控系统各产品供应商的市场
份额（Deng，2009）。市场份额的前七位均为国外厂商的产品，前三位的霍
尼韦尔（Honey well）、西门子（Siemens）、江森（Johnson Controls）占了近
60% 的市场份额。排名前十位中，只有一个我国自主品牌——同方（THTF），
排到第八位，市场份额为 1.8%。智能建筑的楼宇自控系统产品市场份额的
98% 属国外厂商。

表 2.5　2008 年我国智能建筑的楼宇自控系统各产品供应商的市场份额（Deng，2009）

公司	市场份额	
	智能建筑产品	智能建筑总体
霍尼韦尔	21.1%	19.2%
西门子	18.1%	18.8%
江森	19.1%	17.4%
施耐德	4.8%	5.1%
台达	2.8%	1.8%
特灵	2.5%	2.5%
KMC	2.2%	1.9%
同方	1.9%	1.8%
开利	1.6%	1.6%
索特	1.4%	1.4%
其他	24.5%	28.5%
总额 / 百万元	1 185	1 839

（五）建筑能耗分项监测系统现状

适用于大型公共建筑的能耗分项计量与监测的概念于 2004 年被提出，在随后的 5 年内，各级政府、高等院校和科研单位合作开展了一系列试点工程。与此同时，建筑能耗监测相关的政策和标准也逐步推行。2006 年《全国民用建筑工程设计技术措施——节能专篇（电气分册）》中提出电气回路要加装电能计量装置。同年出台的《绿色建筑评价标准》在"公共建筑节能与能源利用"章节中规定"新建的公共建筑，冷热源、输配系统和照明等各部分能耗进行独立分项计量"。2008 年印发的《国家机关办公建筑和大型公共建筑能耗监测系统建设相关技术导则》对建筑分项能耗数据采集、传输、计量系统设计、施工、验收与运行维护进行了系统化的规定。2009 年起，全国各级政府开始实施每年报送政府办公建筑和大型公共建筑节能监管体系工作进展情况。根据该报送信息统计结果显示，截至 2012 年年底，全国累计对 3 860 余栋建筑进行了能耗动态监测；共 23 个省（区、市）先后分五批被列为能耗动态监测平台建设试点；共 209 所高等院校被列为节约型校园建设试点，其中校园能耗监测平台建设作为试点工程的一项重要内容。

随着相关政策和标准的逐步推进，在政府、高等院校及科研单位的大量示范工程带动下，自 2009 年起，涌现出大量以公共建筑能耗计量与监测为主营业务的企业。就国家发改委公布的节能服务公司备案名单统计显示，自 2010 年至今，以公共建筑能耗计量与监测为主营业务的节能服务公司每年新增约 80 家，现总备案公司有 225 家，占备案节能服务公司总量的 6.9%。其中，在经济发展程度较高的地区，此类企业较多；北京占 25%，上海、江苏、浙江占 22%，广东省占 10%，而西部省份仅占 6.7%。这表明，建筑能耗计量与监测系统作为可以满足实时监控能耗状况、加强运行监管、发现节能潜力、衡量改造效果等细致多样化的管理和节能需求的节能管理技术，已经广泛被市场接受和应用。随着经济发展水平的不断提升，对建筑节能的需求也将变得日益迫切，建筑能耗监测平台的建设和应用也将越来越广泛。

1. 建筑能耗分项计量的发展背景

随着我国当代经济的高速发展，大型公共建筑与日俱增。自 2000 年以来，我国大型公共建筑的建筑面积以逐年平均 12% 的速度在增长；2000 年全国公共建筑面积只有 $32 \times 10^8 m^2$，到 2008 年就达到 $78 \times 10^8 m^2$（见图 2.24）。这种高速的发展在创造更多城市地标和新颖的公共空间的同时，也带来了巨大的能源消耗。有专家曾研究大型公共建筑的能耗特点与其他类型建筑的区别，研究对比了大型公共建筑与普通公共建筑和住宅建筑，表明虽然大型公共建筑的建筑总面积不足总体的 10%，但其能耗强度（即单位面积耗能量）是住宅建筑的 10~15 倍，普通公共建筑的 4~6 倍（清华大学建筑节能研究中心，2010；江亿，薛志峰，2004）。这意味着在城市化的高速进程中，大型公共建筑将带来比城市化进程更快的能源需求增长，这对我国的自然资源和长期稳定发展都将构成威胁。

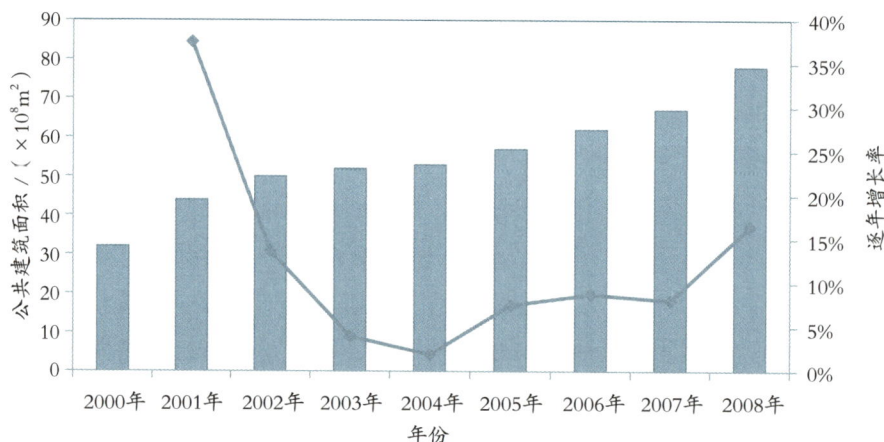

图 2.24　2000—2008 年我国公共建筑面积的逐年变化情况

对此，我国学者和政府都予以高度重视，自 2005 以来，国家及地方各级政府出台了一系列针对大型公共建筑节能的政策，将此列入建筑领域节能工作的重点来抓。然而大型公共建筑不同于住宅，其能耗水平具有很大的差异性，即便是同类型、同规模的建筑，其能耗水平也能相差 50%；这是由大型公共建筑系统复杂、设备繁多、运行维护管理水平差异大等因素导致的。这种相互之间的巨大差异表明大型公共建筑具有较大的节能潜力，并且通过许

多学者的大量调研发现，大型公共建筑普遍存在 10%~30% 的节能潜力（江亿，薛志峰，2004；龙惟定，2007；杨晓敏，2007）。

大量的大型公共建筑节能诊断案例表明，建筑中存在的能源浪费的问题千差万别，难以统一度量与解决，并且一些问题竟发生在建筑设计之初的"节能措施"上，通过实地测试可知这些"最新的节能技术"在实际运行中适得其反（清华大学建筑节能研究中心，2010；薛志峰，等，2005）。这样的问题在大型公共建筑中普遍存在，也是大型公共建筑节能项目与住宅等其他类建筑的重要区别。可以看出，如不了解建筑的实际用能状况，不知道能源都消耗在什么地方，就很难对建筑的用能情况有基本的认识，也很难有针对性地开展节能工作，而很容易走到"堆砌节能技术"的歧途上。

在国家大力倡导建筑节能的环境下，对建筑能耗的认识水平提出了新的要求，传统的能耗管理模式已经不能适应新形势的需求。同时，面对大型公共建筑系统的复杂性和能耗水平的多样性，简单地由运行维护管理人员每个月抄总电表的数据和每日在机房里抄设备面板上的参数，已经完全不能满足"发现节能潜力""衡量改造效果"的建筑节能基本要求。并且在能耗数据记录过程中有大量的人员手工操作，很容易出现丢数、错数、时间不精准等问题，使得对建筑能耗水平的认识产生许多无谓的偏差。

针对上述大型公共建筑节能工作中的问题，清华大学的江亿院士于 2004 年首次提出要对大型公共建筑建设能耗分项计量系统。该年 10 月，江院士与薛志峰在《科技潮》上撰文《审视北京大型公共建筑节能》，以北京居民建筑、普通公共建筑和大型公共建筑三类建筑的统计能耗数据为基础，分析指出大型公共建筑用电是节能重点，用电分项计量与能耗定额管理是有效途径。从此，全国各类院校、各级政府部门和许多企业开始了对建筑能耗分项计量全方位的研究和实践工作。

近些年在对能耗数据的研究上，产生了许多颇有成效的研究成果与工程实践。首先，对于建筑能耗分项计量的重要性，全社会予以了一致的认可，并由此开始催生一片新的市场，也有越来越多的企业投入建筑能耗分项计量的研究工作上来［霍尼韦尔（中国）有限公司，2008］。其次，能耗数据为政

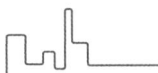

府的节能管理工作提供有力的技术支持，也跳出单纯的技术应用和设计评分的路线，开始采用能耗定额管理的模式（江亿，2007；梁境，2009）。第三，能耗分项计量和监测系统已经从实验室走向市场，现阶段已有不少科研院所和企业专门开发建筑能耗监测平台体系，也取得了阶段性的成果（魏庆芃，2009）。

建筑能耗分项计量的工作，国外起步更早。在此方面，美国于 20 世纪 80 年代就开始了相关研究；1985 年美国西北太平洋实验室（PNL）向美国能源部（DOE）提交了一份名为《公共建筑终端用能计量清单》的报告，报告中指出开展建筑分项计量的重要性（Heidell，et al，1985）。但基于此报告的研究表明，广泛开展分项计量的成本极高，故此项工作搁浅。这项研究虽然是从总能耗拆分出发寻求分项能耗，但是一个良好的方向性尝试。从 90 年代开始，美国劳伦斯伯克利实验室（LBL）提出了适用于逐时能耗拆分的 EDA（End - use Disaggregation Algorithm）方法，该方法仍然是从建筑总能耗数据出发，将建筑总能耗与外温线性拟合和 DOE-2 模拟两种方法相结合（Akbari，1995）。EDA 方法在能耗数据拆分方法上的一个重大进步是提出了一套以分项能耗预估计为前提、支路实际能耗为基准的拆分方法。有了这样一套能耗拆分办法，LBL 开发了建筑能耗信息系统（EIS），重点对建筑的分项能耗运行状况和节能改造收益进行监测。

虽然国外在建筑能耗分项计量方面的工作比中国起步要早，但基本停留在研究阶段，没有大范围开展，明确了能耗分项计量的重要性，但由于受限于技术成本而没有普遍应用，多见于对建筑总能耗拆分的分析和对单体建筑的案例分析。同时，由电力和计量公司为导向的分表计量（或称分户计量）也基本在 20 世纪的后 20 年才广泛开展。与分项计量不同的是，分表计量很快被市场接纳，并得到广泛应用。

2. 建筑能耗分项计量工作的政策轨迹

2004 年 10 月，江亿院士与薛志峰撰文指出，大型公共建筑用电是节能重点，用电分项计量与能耗定额管理是有效途径。2005 年，以北京市政府为先导，开展节能示范工程，在 2005 年完成中央国家机关 10 座办公建筑、北京市

10 座办公建筑节能诊断,旨在初步建立一套多建筑能耗共享的数据交流平台。

2005—2006 年,清华大学完成部分中央国家机关办公建筑节能诊断工作,分析整理北京市 10 家试点政府机构节能诊断结果,先后向国务院机关事务管理局和北京市政府谏言推行大型政府办公建筑能耗分项计量系统。并承担了北京市科委"大型公共建筑耗电量实时统计、分析、发布与定额管理系统"课题。

2006 年 3 月份起,清华大学建筑节能研究中心设计、研发了建筑能耗分项计量系统硬件、软件平台,并在民政部、中联部、国家发改委等政府办公大楼,以及北京发展大厦、清华大学节能楼等公共建筑中,进行分项计量电表安装改造、数据网络传输、数据库搭建、实时动态数据展示、能耗数据分析与节能诊断等一系列的试点工作,初步解决了该系统的技术、经济、工程等实际应用中的关键问题。

2007 年 1 月,财政部经济建设司领导在调研中听取了江亿院士关于在北京、上海、深圳三大城市中率先建立大型公共建筑能耗分项计量实时分析系统的建议。2007 年 4 月,财政部、建设部在北京召开了专题研讨会,拉开了建立建筑节能监管体系的序幕。2007 年 6 月,国务院印发《节能减排综合性工作方案》,对全国范围各个行业的节能工作给出明确的指导性意见(国务院,2007)。

2007 年 10 月 14 日,财政部印发关于《国家机关办公建筑和大型公共建筑节能专项资金管理暂行办法》的通知,明确指出专项资金使用范围包括安装分项计量装置、数据联网等搭建建筑能耗监测平台的补助支出(财政部,2007)。同年 10 月 23 日,财政部、建设部联合下发了《关于加强国家机关办公建筑和大型公共建筑节能管理工作的实施意见》,以及《国家机关办公建筑和大型公共建筑节能监管体系建设实施方案》,在北京、天津、深圳三个城市率先建立动态监测平台,并由中央财政给予适当支持(财政部,建设部,2007)。

2008 年 4 月 1 日,修订后的《中华人民共和国节约能源法》正式施行,条文指出"县级以上地方各级人民政府有关部门应当加强城市节约用电管理"。2008 年 6 月，住建部颁发《国家机关办公建筑和大型公共建筑能耗监测系统分项能耗数据采集技术导则》，对能耗数据采集对象、采集方法、数据处理方法、编码规则等首次做出了具体而详细的规定（住建部，2008）。2008 年 10 月 1 日，《民用建筑节能条例》开始施行，条例中明确提出对新建公共建筑应当安装用电分项计量装置，对既有公共建筑的节能改造也应当安装用电分项计量装置（国务院，2008）。

2011 年 7 月 11 日，住建部印发《国家机关办公建筑和大型公共建筑能耗监测系统数据上报规范》，在明确建筑能耗层级上报的基础上，更加规范了能耗数据的收集方法和定义命名（住建部，2011）。

从政府对于能耗分项计量的一系列政策可以看出，建筑能耗分项计量工作在政府的大力倡导下从试点到推广、从方案到规范，已经逐步走上了良性发展的道路（见图 2.25）。但同时值得注意的是，现阶段分项计量在全国范围内的开展还多是停留在面上，即重工程数量轻质量，重产品推广轻研究；并且国家层面的能耗管理还只是在关注建筑年总能耗的水平上，虽然各级地方已经逐步建设了分项计量系统，但更大规模的计量数据平台仍然是一个空缺，也成为更进一步集中管理的羁绊。

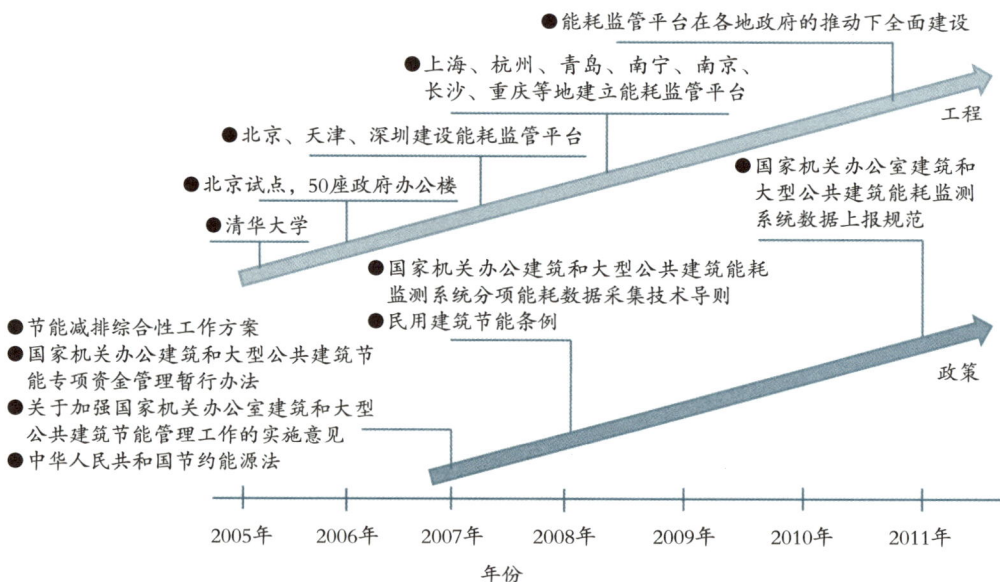

图 2.25　我国大型公共建筑能耗分项计量工作发展轨迹（清华大学建筑节能研究中心，2010）

3．建筑能耗分项计量的现状

大型公共建筑能耗分项计量工作经历近七年的发展，在科研和工程实践两大方面均取得了一定的成果。下面笔者仅从文献调研的角度对现状做一个小结，需要说明的是，这种小结会遗漏一些规模较小的研究单位和企业，所以只能算作一个抽样调查，选取代表单位来总结。

高等院校在能耗分项计量的整体工作中扮演着引领者的角色。在 2008 年以前，能耗监测平台体系尚未被社会广泛接受，这个时间段内基本是以高等院校为核心在一边研究一边实践。清华大学、同济大学、重庆大学、湖南大学、西安建筑科技大学、大连理工大学等学校率先在各自所在的城市，通过当地政府及相关部门的支持与配合，进行能耗分项计量平台系统最初期的实践。在这个时期，深圳建筑科学研究院、上海建筑科学研究院、长三角研究院也与高校合作，开展了一些该方面的初步工作，积累了宝贵的经验。这一时期处于对平台系统的数据结构的摸索阶段，各地急于给大楼安装电表，尚未系统研究数据平台的结构与构成，经常出现丢数、错数、计量数据不知属性等问题；这些经验和教训为后一阶段形成标准的能耗分项计量数据库认识奠定了基础。在能耗数据的认识方面，主要有两方面的工作：其一，在初步前期调研的基础上，利用建筑热过程模拟软件（如 DeST、EnergyPlus）计算建筑能耗，并与计量得到的实测数据进行比较；其二，能耗指标体系被提出，并初现雏形。这两方面的工作在日后都有进一步的发展。

在此基础上，分项计量系统进入一个快速发展的阶段。至今公开学术成果的科研单位就有 30 余所，广泛分布于全国各地。2006 年，由同济大学提供技术支持，上海市初步建立了商用建筑信息数据库，集成了 95 栋商用建筑的基本信息和全年总能耗，有效地辅助了政府的能源监管工作（陈晨，等，2006）。2007 年，福建省建筑科学研究院调研了 100 多栋建筑的能耗状况和装表情况，指出需要尽快加强能耗监测和计量管理工作（林卫东，2008）。2008 年，武汉科技大学调研了 23 栋大型公共建筑的能耗状况（张春枝，等，2008）；东南大学调研了 40 家机关单位，指出调研能耗的同时调研人员密度的重要性（陈程，等，2009）。2009 年，中国建筑科学研究院总结了北京市

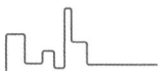

已完成的 107 栋楼宇的分项计量表具安装和数据上传的工作（刘肖群，等，2009）；重庆大学完成 20 栋楼的总能耗审计和其中 3 栋楼的总能耗拆分（刘慧芳，等，2009）。2010 年，重庆大学调研了 400 栋公共建筑，系统地总结了管理问题（李百战，等，2010）；西安建筑科技大学调研了 45 栋建筑的用能状况（魏子东，霍小平，2010）。

在建筑能耗工作深入开展的同时，也遇到了很多问题。第一，审计多，计量少。能耗审计是建筑节能全盘工作中的一部分，也是计量系统的一项基本产物。由于起步阶段大量工作由政府部门引导，能耗审计工作开展得比计量本身更多，在项目执行过程中有将审计与计量两者概念混淆之嫌（陈晨，等，2006；刘慧芳，等，2009；谭敏，2008；魏子东，霍小平，2010）。同时，在多方的调研中发现，虽然国家此方面政策在逐步深化，但地方上落实的情况却较为缓慢，装表建筑的比例仍然较低，而安装了电表又能长期正常运行的建筑则是更少（林卫东，2008；张春枝，等，2008；李百战，等，2010）。第二，建筑运行维护管理水平普遍跟不上计量系统的要求。大型公共建筑能耗分项计量系统不是一个傻瓜相机，而是需要细致的日常维护，运行过程中要求管理人员及时对系统出现的各类问题做出回应和处理。然而现实情况是许多大楼的运行维护管理人员对计量系统知之甚少，日常的运行维护管理质量都较低（张春枝，等，2008；李百战，等，2010）。这样的现状势必给计量系统的深入实施带来困难。第三，工程发展迅速，但对系统的认识不够深刻。有国家政策和各地政府的大力支持，近些年计量系统工程的发展是十分迅速的。以北京为例，2009 年北京市已完成 107 栋楼宇的分项计量表设计安装和数据上传，到 2010 年北京市完成各类大型公共建筑装表近 $400 \times 10^4 \text{m}^2$（王虹，等，2010）。然而计量中暴露出来的能耗定义、支路能耗拆分、节能服务模式等问题只得到了少数学者的重视，并且这些问题大多停留在探讨层面，做了一些实验性质的尝试，没有给出明确的解决方案（杨晓敏，2007；刘慧芳，等，2009；魏庆芃，2009）。

除了高等高校和科研院所开展了大量调研和实践工作外，能耗计量企业也蓬勃发展起来。这些企业中，一方面，有以施耐德、江森、霍尼韦尔为代表的大型控制公司，它们以传统的建筑自动控制系统（BMS）为基础，提出"智能建筑"的概念，力推建筑信息高度集成化；另一方面，大量专营建筑能耗计量的小公司在这样的背景下产生。笔者以至今国家发改委公布的三批节能服务公司备案名单（国家发改委，2010，2011a，2011b）为分析样本（部分节能服务公司没有备案，也没有网站），备案的节能服务公司共有 1734 家，其中涉及建筑能耗计量的有 151 家，占总数的 9%，其中有 56 家还同时进行节能诊断的业务。这些备案的节能服务公司广泛分布于全国各地（见图 2.26），但主要集中在京、上、广地区，151 家企业中，此三地就有 69 家，占 46%。

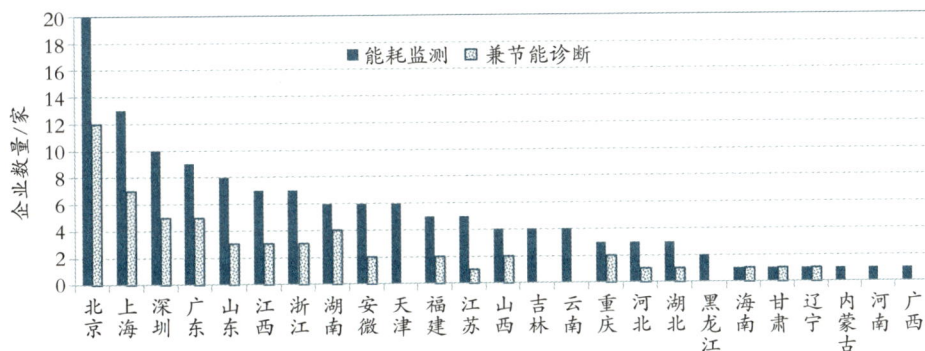

图 2.26　在节能服务公司备案名单中的公司的全国分布情况

现阶段这些计量企业存在两大问题：其一，能耗计量的技术水平参差不齐，平均水平较低。虽然本书只以国家发改委的节能服务公司备案名单为分析对象，遗漏了大量名单以外的企业，但从调研的情况来看，这 151 家能耗计量企业的总体技术水平与科研单位相去甚远。能够对能耗分项计量平台的数据库结构有正确的认识、明确能耗分项计量平台的功能、提供科学而较全面的建筑节能建议的企业只有 18 家，只占 151 家企业的 12%；这几家企业的工程量普遍都有 20 个以上。而大多数企业对能耗分项计量平台并没有全面和正确的认识，只是把能耗分项计量作为一个推销的概念，并没有在工程中具体落实，也缺乏一定量的工程实践。其二，这些以计量为核心业务的节能服务公司的区位分布很不均匀，集中在京、上、广三地，不利于全国建筑能耗分项计量工作的全面发展。图 2.27 显示了能耗计量公司数量与地区经济水平的关系，可以看出人均生产总值越大，经济发展水平越高，能耗计量公司的数量越多。

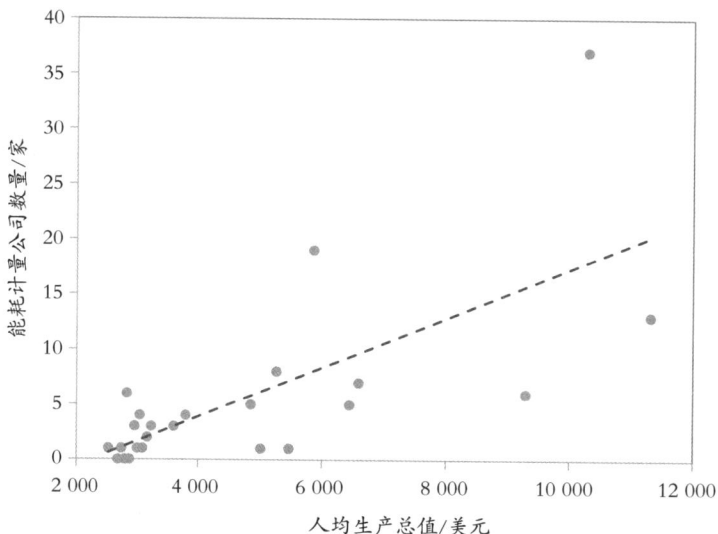

图 2.27　能耗计量公司数量与地区经济水平的关系

随着近些年节能减排工作的全球化，建筑用能越来越受到人们的关注，建筑能耗分项计量工作备受重视，与此相关的研究和工程实践也广泛开展。在这个发展过程中，政府导向和高校示范起到了十分重要的作用。近年来，分项计量在我国的发展进入了一个快速膨胀阶段，这与前些年由部分高等院校和科研院所完成的示范工程所起到的推动作用息息相关。

高速发展也伴生了大量的问题，主要集中在两大方面：第一，对能耗数据平台的系统结构认识不足，对能耗分项没有深入的认识；第二，尚未形成完善的数据分析方法体系，使得业界对建筑能耗数据的认识水平不能有效地深化。另外，建筑能耗分项计量受到从地方政府到个体物业的重视，但市场上的分项计量服务产品却是"百花齐放"，真正符合国家能源审计要求、具有研究价值的计量服务产品却相对较少。

下文将从能耗数据平台的结构和功能两大方面来回顾现阶段的研究成果和工程进展，并对主要观点、方法和问题做一些小结。

4. 建筑能耗分项计量平台建设的技术发展历程

（1）对建筑能耗分项计量平台结构的认识

建筑能耗分项计量平台整合了大量建筑的大量逐时能耗信息，大概一年就要汇集上亿个能耗数据点，同时要对海量的能耗数据做综合性的处理和分析，并将结果同时向客户、管理者（如政府）和专家展现；是一个多采集对象、多服务对象的综合系统。要完成这样的体系，沿袭楼宇自控系统的单机模式，即每栋楼的数据采集、存储、分析和展示是一套独立封闭的体系，是行不通的。对于数据的采集、储存和传输，很多学者做过相关讨论，意见也相对统一：建立一个基于互联网、采用 TCP/IP 通信协议，具有开放性的数据平台系统（Motegi and Piette，2002；金飞，2009；方林，龙徽，2008；李俊，2008；李铁牛，等，2008；季柳金，等，2009；尤章金，2010；王远，2008；王莎，2011；王鑫，2010；张亚男，等，2009；钟衍，等，2008）。其基本结构形式如图 2.28 所示。典型的建筑能耗分项计量平台案例见图 2.29。

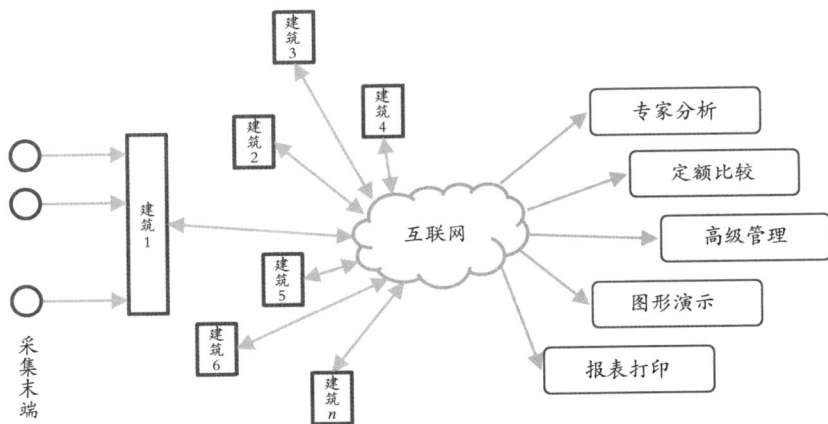

图 2.28　建筑能耗分项计量平台的基本结构形式

当今互联网时代，业界在计量平台的结构上达成这样的共识实属必然。经调研亦可知各科研院所和企业对平台结构的认识也是十分接近的，基本形式都与图 2.28 所示的结构类似。但是，从计量系统的数据库结构和内容上来看，依然存在许多差别。

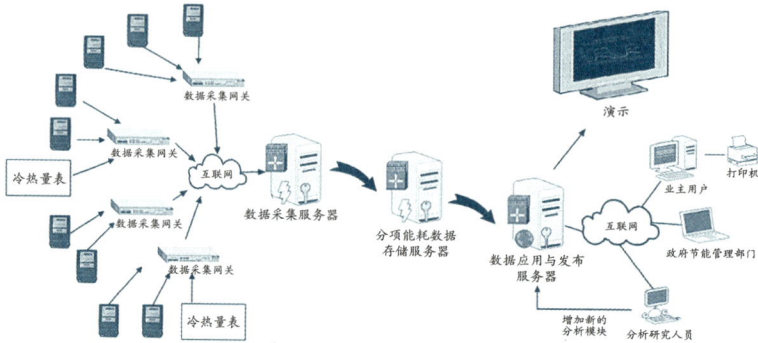

（a）清华大学（张辉，等，2010）

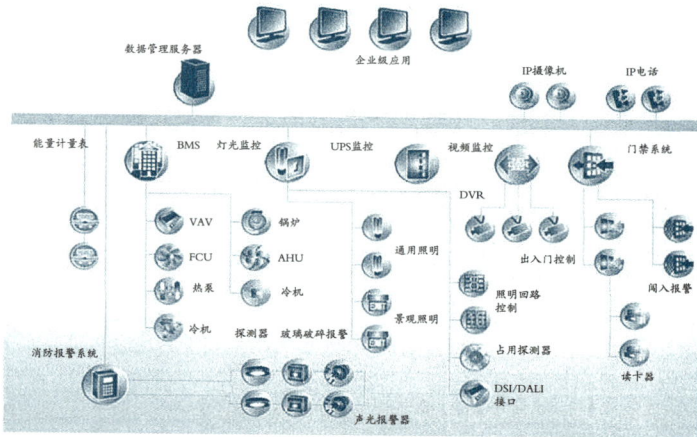

（b）思科（金飞，2009）

图2.29　计量平台案例

在数据库结构方面，大多数学者和工程实践并没有深入讨论这个问题，原因可分为两大类：一是大型企业开展建筑能耗计量基本依托于原有的楼宇自控体系，只是增加采集点和外连接功能；二是单纯研究建筑分项计量的科研院所或小型企业工程实践较少，没有深刻认识数据库结构的重要性，也没有系统地总结能耗采集过程中的各类问题。

实际上，计量系统在设计配置和运行过程中会出现很多问题：电表类型错误、互感器变比错误、电表读数错误、电表精度不足、配电系统拓扑结构变化、突发错数、数据延迟、电表清零等。这些突发问题如不及时发现和处理，将使得计量结果失去监测和研究的意义。然而在工程实践中，这些问题在设计之初往往被忽视，用一套或两套数据库来完成所有的功能，到了应用阶段又采取临时处理的方式，最终导致数据维护工作既难以执行又效果不佳。

　　针对上述数据采集过程中的问题，王鑫博士提出采用层级筛选和处理的方式，逐步精细，逐级存储，将整个系统分为 5 级数据库，各级数据向下一级流动的过程中有相应的数据处理算法，这样可以有效地保证数据质量和数据库效率。具体流程参见图 2.30 所示的结构和计算流程。

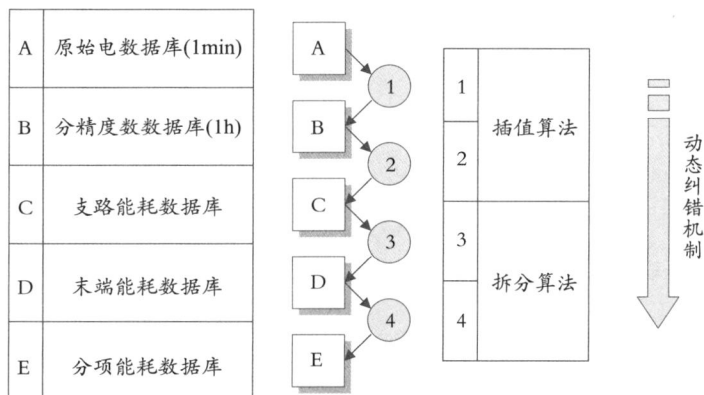

图 2.30　建筑能耗分项计量系统数据库结构和计算流程（张辉，等，2010）

（2）对建筑能耗模型的认识

　　建筑能耗分项计量平台在构建之初就提出了一个较为宽泛的目标：一方面能够整合大量同类建筑的能耗信息，另一方面能够实现时时在线节能诊断。这个目标的核心在于集合大量的建筑能耗信息，构建一个平台体系；而当大量的信息被集合后，统一能耗信息的表达方式就是第一重要的事情。有许多学者对此提出了设计原则，并基于模型设计原则给出了相应的能耗模型。然而制定一套能耗分类模型所依循的原则不同，能耗模型就会有所差别，并且各种原则之间存在着矛盾，这就导致最优的能耗分类模型是不存在的。相应的，现阶段所提出的各种模型也是基于特定的研究和应用需求背景而制定的。

　　对此，王鑫在其博士论文中将设计原则总结为四项：可比性、完备性、易用性和适应性；并详细分析了这四项原则之间的联系和矛盾关系。另一方面，从 2008 年至今，住建部、重庆大学的李俊、清华大学的王远和王鑫先后提出了具有普适性的公共建筑能耗模型（住建部，2008；李俊，2008；王远，2008；王鑫，2010）。这些模型内容和结构相近，都采用树状结构、层级定义，将建筑总能耗分为暖通空调、一般动力、照明插座和特殊设备四大部分，这作为第一层拆分，每个部分向下还有若干分层与分叉。可见能耗模型的统一性和可比性是平台系统的核心价值，学界对这一点的认识是很一致的。

这些模型都将"可比性"作为第一重要的原则，这就使得四项原则中，可比性与易用性，可比性与适应性，两类矛盾变得尤其突出；笔者通过调研部分建筑的能耗分项计量系统配电情况，在工程实践中同样发现这个问题。

可比性与易用性的矛盾是指，在能耗分项计量系统设计中设置"租户区能耗"和"公共服务区能耗"。这样的设置符合公共建筑运行维护管理者的管理需求，对其管理工作而言能够划清责任，有针对性地提高管理效率；但对于建筑能耗特征的分析和大量建筑对比而言，没有太大的价值。如图2.31所示的某大型商场能耗分项计量模型，为配电设计和管理方便，设置了"商户用电"这个分项，其中包含了"主力店""次主力店"和"步行街"这三个子分项。这些以用户为基准的分项设计与其他以功能设备为基准的分项设计完全不符，用户分项中包含了暖通空调类的设备、照明、插座设备，甚至还可能有炊事房、机房这样的特殊设备，致使这样的分类模型只适合对单体建筑管理使用，而无法正确统计该建筑各种功能和各个类型设备的能耗，没有与其他同类建筑对比的可行性。

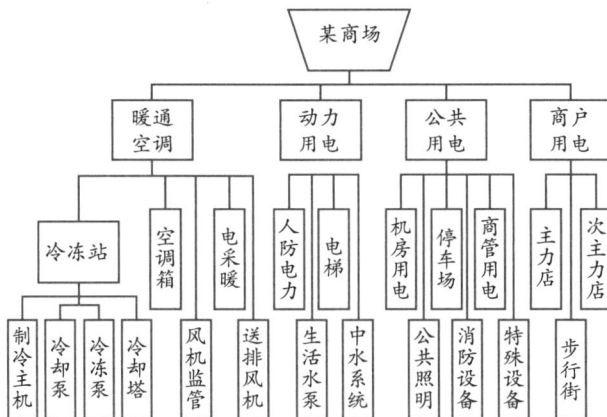

图2.31　某大型商场能耗分项计量模型

可比性与适应性的矛盾是指，为适应配电系统的实际情况，将多种不同功能的设备合并到一个采集点，设置"复合节点"。典型的例子是将"照明""插座"和"风机盘管"合并作为一个复合节点，这样虽然设计简便，但使得以风机盘管为空调末端的建筑无法与以空调箱或分体机为末端的建筑相比较，如图 2.32 所示。

图 2.32 混合配电案例（王鑫，2010）

从以上两类矛盾的分析中可以看出，易用性与适应性是相类似的，都可以理解成广义的复合节点；但易用性相对于适应性而言具有更明确的实际意义。易用性通常指的是一个商铺、一家租户；而适应性通常指的是某一层或若干层的用电。前者来源于管理和最初的配电设计，后者则来源于最初的配电设计得过于简单化。

（3）国外在建筑能耗分项计量工作上的进展

如前文所述，国外在公共建筑分项计量方面的工作早在 20 世纪 80 年代就开始了，主要由美国能源部、西北太平洋实验室和劳伦斯伯克利实验室进行了此方面的研究。这些研究的基础虽然只是逐月的建筑总能耗，但已经认识到能耗拆分的重要意义，并尝试了一些建筑安装分项计量电表的工程，但终究因成本过高而没有大范围推广（Heidell，et al，1985）。同时，为降低因大量安装分项电表而带来的初投资和运行成本的激增，劳伦斯伯克利实验室提出了一种适用于逐时建筑总能耗的拆分方法 EDA（Akbari，1995）。EDA 方法综合线性回归和模拟计算两种方法，从计算原理的角度来说比简单的比例拆分要准确许多；但笔者在对国外建筑能耗计量企业的调研中却发现这种方法并未得到广泛应用，这与线性回归和模拟计算需要大量前期调研和先验知识所带来的巨大前期成本有关。

虽然建筑能耗分项计量在公共建筑上的尝试遇到了很多困难，但是建筑能耗计量的重要性却得到了社会的广泛认同，这种社会共识催生了住宅能耗计量市场的诞生与发展。进入 90 年代以后，有很多学者和企业开始着手研究与住宅能耗相关的系列问题，其中核心的问题仍然是如何通过只计量建筑总能耗，而分析出住宅内各类设备的运行能耗。由此发展出一套以条件需求分析模型（Conditional Demand Analysis，CDA）为核心的能耗分析方法。CDA 模型通常写成如下形式：

$$y_i = \sum_{j=1}^{k} UEC_{ij}D_{ij} + v_i \qquad (2.1)$$

式中：y_i 是 i 时间段（可以是一年、一个月、一天或一个小时）内建筑的总能耗；UEC_{ij} 是 i 时间段内第 j 个设备的平均能耗；D_{ij} 是 i 时间段内第 j 个设备是否运行的开关量（只能取值 0 或 1）；v_i 是 i 时间段内能耗计算的误差。有学者认为在住宅建筑中，设备的能耗水平可以看作是一个常量，即 UEC_{ij} 与时间无关，所以 CDA 模型通常转化为线性拟合问题来处理。

需要注意的是，将 CDA 模型转化成线性拟合问题是将 y_i 和 D_{ij} 作为观察量，将 UEC_{ij} 作为拟合对象；然而这样的思路却往往不太现实。在设备能耗水平为常数的前提下，UEC_{ij} 是可以通过短期的调研而获得并作为长期有效信息使用的；相反，D_{ij} 则没有那么显著的规律，需要每时每刻的观察，成本是很高的。因此，以 CDA 模型为基础发展的能耗识别技术就是走了与线性回归分析相反的道路，将设备能耗水平作为先验已知量，通过逐时总能耗曲线来判断 D_{ij} 的取值（Wood and Newborough，2003；Hannu，1998；Marceau and Zmeureanu，2000），如图 2.33 所示。

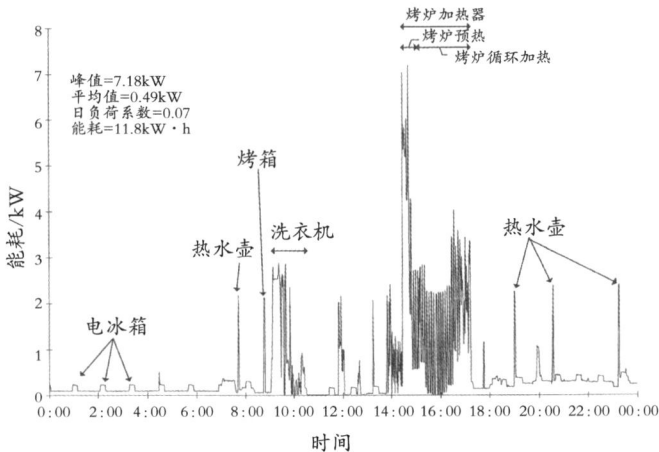

图 2.33　基于住宅总能耗每分钟的测量结果分析设备运行状况（Newborough and Augood，1999）

　　这种方法以图形识别为基础，现阶段已发展出谐波分析、小波分析、模糊判断等辅助手段，有效增强了该方法的适用性、稳定性和准确性，在住宅能耗分析方面逐步走向成熟。但这种方法没有成功应用于公共建筑的根本原因是，大型公共建筑系统庞大，用能设备数量多、类型多，大量因素复合之后导致识别的有效程度大为降低，因而此方法不可能作为公共建筑能耗分析的一种通用手段。

　　然而，公共建筑能耗分项计量的需求并没有因为 EDA 和 CDA 两种方法尝试的失败而减少，而是随着住宅计量发展同时增长。但为了能够清晰地表达建筑能耗的情况，多末端的计量仍然是不可或缺的，故此公共建筑计量的市场被网络化高效管理撕开了一条口子。以控制公司和电子硬件公司为代表，智能建筑控制系统（Intelligent Building Manage System，IBMS）和智能计量系统（Smart Metering System）被提出。这些基于电子信息和网络技术的建筑能耗计量产品，旨在为单体建筑或集团建筑群提供高度集成化的能源监测服务，希望通过信息的高度集成化来提高管理者的工作效率（Piette，et al，2001；Doukas，et al，2007；Laughman，et al，2003）。甚至有学者认为集成化本身就是在提高效率。这种思想随着国外大型控制公司在我国的发展传播开来，国内一部分学者也开始倡导建筑信息集成化，并且进行了一些工程尝试（沈薇，2006；常侃，杨知深，2010；周海云，2010；徐义，2010；万美慧，孙琳，2010）。图 2.34 显示了智能建筑能源管理系统的一个案例。

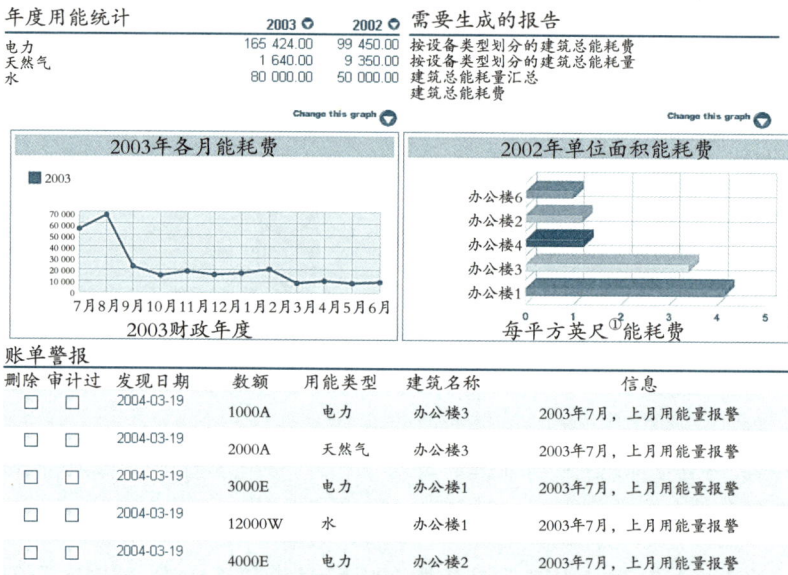

图 2.34 智能建筑能源管理系统案例（单位：美元）

IBMS 的本质与传统意义上的 BMS 没有太多差别，只是在集成信息量和集成手段上跟随着现代电子和网络技术有所发展而已，并且把建筑末端能耗作为采集对象纳入系统中。从这个角度来看，单纯地在建筑自控系统中增加末端能耗采集点与前述的建筑能耗分项计量是大相径庭的。前者从常规运行维护管理的角度出发，若要达到后者的要求，势必导致在建筑中安装数以百计的能耗采集点。实际情况也的确如此。笔者了解，到一栋约 $4 \times 10^4 \text{m}^2$ 的商场办公综合建筑，安装末端能耗采集点达到 600 个有余；而如果能够做好前

---

① 1 平方英尺 = 0.092 9 平方米

期调研，精细配电设计，是可以将总采集点控制在 100 个以内的。

从分项技术的角度来说，现阶段 IBMS 的设计并不考虑建筑能耗的分项模型，所以也不会出现因模型设计而产生的设计原则之间的矛盾。IBMS 将建筑已有的配电状况作为一个不可更改的边界条件，即全面接受了易用性和适用性，而基本不考虑可比性；这也与系统本身是为单体建筑或集团建筑群而设计的初衷相吻合，即一个独立封闭的系统是不需要考虑可比性的。这也是各类智能计量和智能能源控制系统与本书谈论的分项计量系统最为本质的差别。

当然，国外也有小部分学者致力于公共建筑能耗分项计量方面的研究，他们主要采用的方法是 CDA 模型、多元线性回归和建筑模拟，也讨论了能耗拆分方法和基于数据的节能诊断方法。

以上对系统的认识在 2007—2008 年就基本形成，在网络信息技术平行化的现代，建筑能耗分项计量平台的基本结构很容易达成共识；但这只是系统最基本的框架，当深入到能耗模型层面时就出现了研究与实践的分歧。大量的"复合节点"导致计量平台的工程蓝图在实践中被打折，开放平台只是在极小的范围内实现而已；工程实践中暴露出的难以与理论相接轨的问题仍然将矛盾直指能耗数据拆分问题，而现有的拆分方法都各有其局限性，缺乏针对大型公共建筑的系统方案。

国外在建筑能耗分项计量上已经形成了一套以"条件需求分析模型"为基础的方法，并提出了能耗与气象参数拟合、建筑模拟等方法。这些方法最初是为分析公共建筑总能耗而提出的，但在实际应用中因前期调研成本太高而难以推广。随后这些能耗分析的方法，在系统规模较小的住宅中得到了有效的应用。智能建筑和智能计量的概念是为解决公共建筑能耗分项计量的问题而提出的，但没有跳出原有楼宇自控系统的概念，单纯强调信息集成而没有充分认识到能耗分项的意义。

（六）我国智能建筑与家居用户需求问卷调研

1. 公共建筑智能化需求问卷调研
随着经济、科技的发展，智能化系统已逐渐成为大型公共建筑的标准配

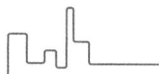

置之一。目前，智能化系统已能够实现建筑的安防、消防系统的自动化，室内环境自动控制等基本功能，但如何为用户提供更舒适、更安全的建筑环境，为管理人员提供更有效的协助，为建筑运行带来更明显的节能效果，都是智能化系统在设计、施工、调试过程中需要考虑的问题，并需要在实际运行过程中保证预期功能的实现。为了了解人们对智能化系统的需求，笔者通过发放调查问卷的方式，调查了公共建筑智能化系统的运行维护管理人员、设计人员、施工人员等对建筑智能化系统的现状、问题、对策、需求等方面的意见，以期为提高建筑智能化系统的水平提供参考。

本调研分析采用发放调查问卷的方法，调查问卷的问题包括参与调查者信息、建筑智能化系统的现状、建筑智能化系统的建设流程、建筑智能化系统的架构、建筑智能化系统的需求共 5 个方面、82 个问题。调查问卷的部分内容样例如图 2.35 所示。

个人信息调查表（请选中想要选择的选项的复选框"☑"）				
1	您的性别是： □男　　　　　□女			
2	您的年龄是： □≤20岁　　　□21~30岁　　　□31~40岁　　　□41~50岁　　　□≥51岁			
3	您的学历是： □中专及以下　　　□大专　　　□本科　　　□硕士研究生　　　□博士研究生			
4	您的专业是： □建环（暖通空调）　　　□自动化　　　□电子与电气　　　□计算机　　　□管理 □其他（请具体填写）＿＿＿＿＿＿＿＿			
5	您所在单位的性质是（多选）： □楼宇自控系统集成　　　□楼宇自控系统施工　　　□楼宇自控产品生产　　　□物业管理 □政府部门　　　□教育、科研部门　　　□设计咨询　　　□其他（请具体填写）＿＿＿＿			
6	您从事的职业是（多选）： □楼宇自控系统设计　　　□楼宇自控系统安装　　　□楼宇自控产品开发 □楼宇自控产品售后服务　　　□物业管理　　　□办公室职员 □其他（请具体填写）＿＿＿＿＿＿＿＿			
7	您工作单位所在的城市（请填写）＿＿＿＿＿＿＿			

图 2.35　公共建筑智能化需求调查问卷样例

　　参与调查者主要为建筑智能化系统的运行维护管理、设计、施工等相关人员，其中男性占 83%，女性占 17%，参与者的年龄主要集中在 20~50 岁，学历主要为大专（占 75%）和大学本科（占 25%），所学专业包括暖通空调（占 9%）、自动化（占 46%）、电子与电气（占 36%）、管理（占 9%）等，参与调查者的职业包括物业管理（占 54%）、楼宇自控系统设计（占 15%）、楼宇自控产品开发（占 8%）等。参与调查者的主要信息如图 2.36 所示。

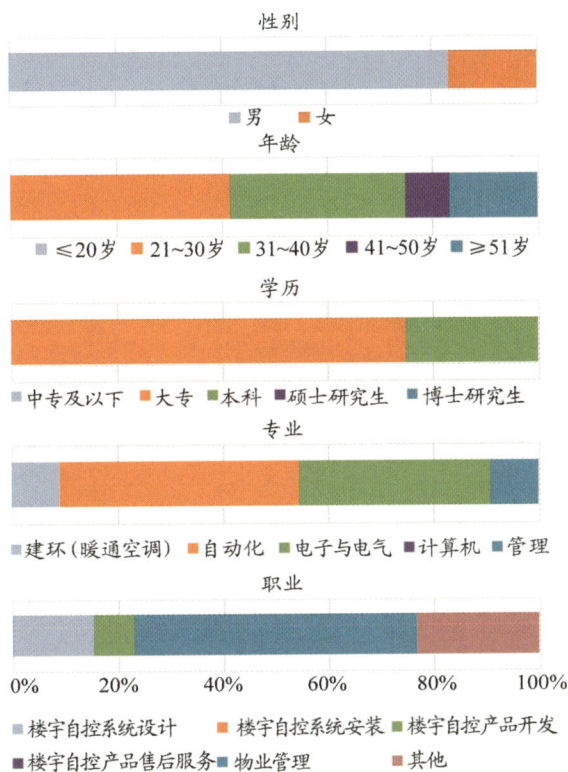

图 2.36　公共建筑智能化需求问卷调研参与调查者信息

调查结果如下：

（1）智能建筑的现状

　　关于智能建筑的现状，问卷中调查了人们对智能建筑的看法，以及智能建筑的功能、维护保养等方面的现状。图 2.37 显示了人们对于智能建筑与普通非智能建筑所持有的观点，有 2/3 的人认为智能建筑比普通建筑好，也有 1/3 的人认为智能建筑与普通建筑差不多。认为智能建筑比普通建筑好的原因主要有提高室内环境舒适度、更安全、方便管理等。认为智能建筑比普通建筑不好的原因主要有出故障时影响大、维护管理点太多等。

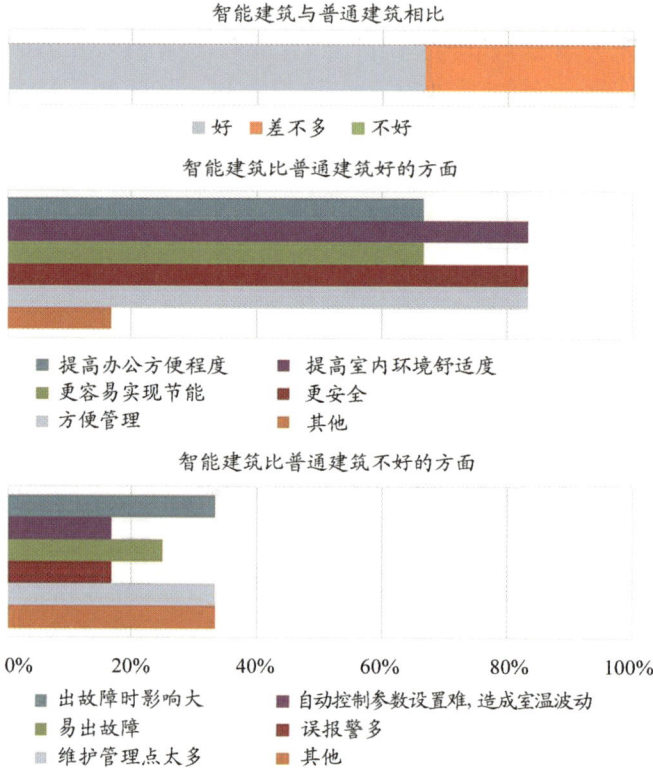

智能建筑与普通建筑相比

好　差不多　不好

智能建筑比普通建筑好的方面

提高办公方便程度　　提高室内环境舒适度
更容易实现节能　　　更安全
方便管理　　　　　　其他

智能建筑比普通建筑不好的方面

出故障时影响大　　　自动控制参数设置难,造成室温波动
易出故障　　　　　　误报警多
维护管理点太多　　　其他

图 2.37　智能建筑与普通建筑的对比

图 2.38 显示了参与调查者所管理或者设计施工的建筑智能化系统是否达到预期功能,有 33% 认为远未达到,有 50% 认为基本达到,只有 17% 认为完全达到。关于没有达到预期功能,58% 的参与调查者认为施工质量问题是重要原因,50% 的参与调查者认为是因为调试与性能检验不充分,42% 的参与调查者认为是因为运行维护人员培训不足。关于实现预期功能的措施,83% 的参与调查者认为全过程的性能检验是有效措施,其余备受关注的措施有传感器、执行器的定期校正与保养（占 50%）,相关规范标准、政策法规的制定与完善（占 42%）,运行维护人员的定期培训（占 42%）,标准化的功能描述（占 42%）（王美婷,等,2012）。

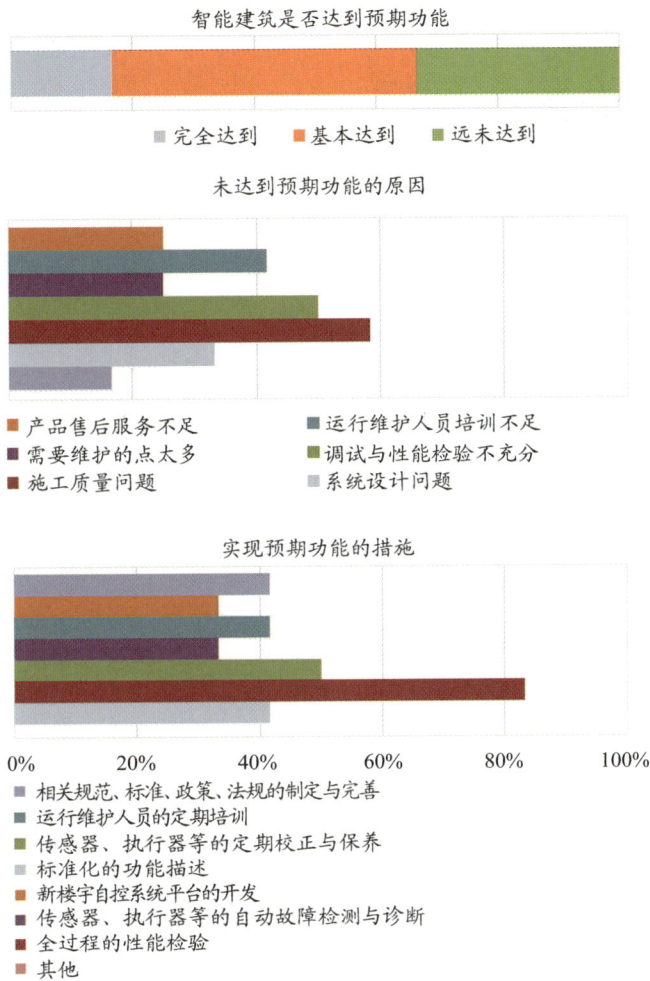

智能建筑是否达到预期功能

■ 完全达到　■ 基本达到　■ 远未达到

未达到预期功能的原因

■ 产品售后服务不足　　　　　■ 运行维护人员培训不足
■ 需要维护的点太多　　　　　■ 调试与性能检验不充分
■ 施工质量问题　　　　　　　■ 系统设计问题

实现预期功能的措施

■ 相关规范、标准、政策、法规的制定与完善
■ 运行维护人员的定期培训
■ 传感器、执行器等的定期校正与保养
■ 标准化的功能描述
■ 新楼宇自控系统平台的开发
■ 传感器、执行器等的自动故障检测与诊断
■ 全过程的性能检验
■ 其他

图 2.38　智能建筑预期功能实现比例、原因及保障措施

　　图 2.39 显示了建筑智能化系统施工相关状况。施工中 5 项主要工作——深化设计、本地控制器软件编程、本地控制器软件调试、系统集成软件编程、系统集成软件调试所占时间比例基本差不多，各占 20% 左右。智能化系统的各项费用所占比例中，硬件费用最大，占了接近一半；软件、设计、调试费用差不多，各占 15% 左右；检测占不到 10%。施工工人的技术资质中，没有资质的人所占比例最大，为 30%；中级工、高级工、工程师各占 20% 左右。

施工阶段的各项工作所占时间比例

系统集成软件调试 22%
其他 5%
深化设计 17%
本地控制器软件编程 15%
系统集成软件编程 21%
本地控制器软件调试 20%

智能化系统的各项费用所占比例

调试 15%
检测 9%
其他 1%
设计 15%
硬件 45%
软件 15%

智能化系统施工工人的主要技术资质

0%　20%　40%　60%　80%　100%

■ 无　■ 初级工　■ 中级工　■ 高级工　■ 助理工程师　■ 工程师及以上

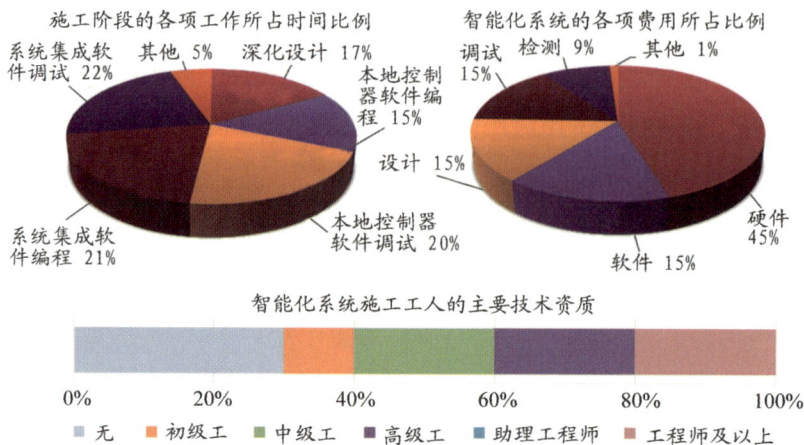

图 2.39　建筑智能化系统施工相关状况

　　图 2.40 显示建筑智能化系统运行维护相关状况。对于智能化系统的传感器等的定期校正、保养，有接近 40% 的建筑没有定期校正、保养，只有出故障时才维修；有 40% 的建筑按照半年到一年一次的频率进行维护保养。关于楼宇自控系统数据的保存时长，接近 60% 的建筑保存半年到一年的数据。关于数据记录时间间隔，40% 的建筑为 1~10 分钟。关于运行维护管理人员的技术资质，初级工、中级工、高级工、助理工程师各占 20% 左右，工程师及以上占 10% 左右。

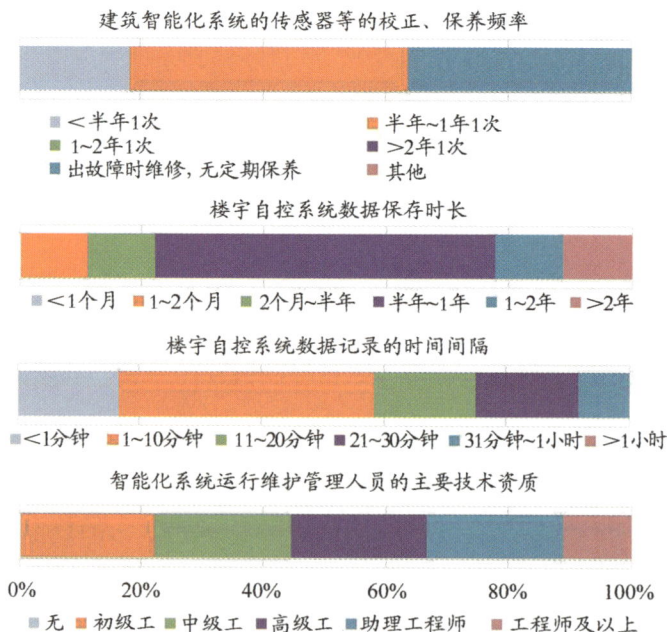

建筑智能化系统的传感器等的校正、保养频率

■ <半年1次　■ 半年~1年1次
■ 1~2年1次　■ >2年1次
■ 出故障时维修，无定期保养　■ 其他

楼宇自控系统数据保存时长

■ <1个月　■ 1~2个月　■ 2个月~半年　■ 半年~1年　■ 1~2年　■ >2年

楼宇自控系统数据记录的时间间隔

■ <1分钟　■ 1~10分钟　■ 11~20分钟　■ 21~30分钟　■ 31分钟~1小时　■ >1小时

智能化系统运行维护管理人员的主要技术资质

0%　20%　40%　60%　80%　100%

■ 无　■ 初级工　■ 中级工　■ 高级工　■ 助理工程师　■ 工程师及以上

图 2.40　建筑智能化系统运行维护相关状况

在调查过程中，发现有些建筑的楼宇自控系统或者自动控制设备有放弃不用的现象，对其放弃不用的原因进行了调查，结果如图 2.41 所示。放弃使用楼宇自控系统的主要原因是与本地控制器等未能实现通信，占超过 40% 的比例；此外，传感器等异常导致楼宇自控系统运行异常、没有设置与被控设备本地控制器进行通信协议转换的网关、增设了子监控系统，各占 20% 左右的比例。放弃使用电动阀等自动控制设备的主要原因为设备故障或通信异常导致系统运行异常，占 45% 的比例；此外，驱动电机等易损坏，冷机等贵重设备使用手动阀更可靠、保险，各占 20% 左右。

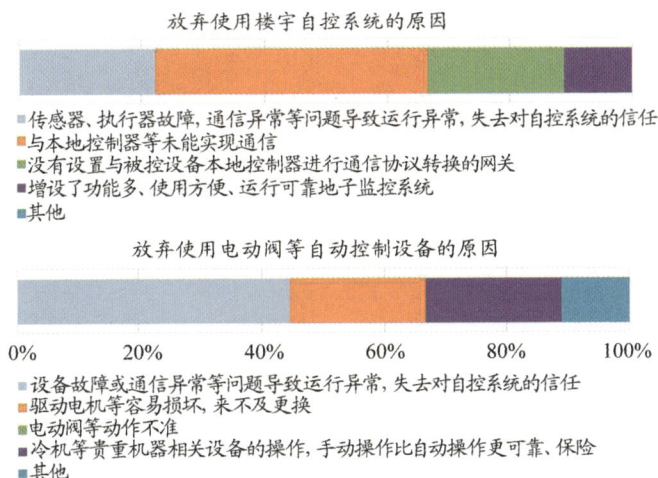

放弃使用楼宇自控系统的原因
- 传感器、执行器故障，通信异常等问题导致运行异常，失去对自控系统的信任
- 与本地控制器等未能实现通信
- 没有设置与被控设备本地控制器进行通信协议转换的网关
- 增设了功能多、使用方便、运行可靠地子监控系统
- 其他

放弃使用电动阀等自动控制设备的原因
- 设备故障或通信异常等问题导致运行异常，失去对自控系统的信任
- 驱动电机等容易损坏，来不及更换
- 电动阀等动作不准
- 冷机等贵重机器相关设备的操作，手动操作比自动操作更可靠、保险
- 其他

图 2.41　楼宇自控系统、自动控制设备放弃使用的原因

这些数据显示了目前建筑智能化系统存在重硬件、轻软件、重投资、轻维护的问题，只有解决了这些问题，才能真正实现建筑智能化系统应有的功能，不再使智能化系统成为一种摆设，避免投资浪费与重复投资。

（2）对建筑智能化系统的需求调查

1）室内环境控制系统

为用户提供舒适的建筑室内环境，是建筑智能化系统最重要的目的之一。目前，室内环境的控制方式主要基于设定值，而设定值由管理人员给出，或是用户通过本地开关、控制器进行设置。两者均存在一定的缺陷，前者难以满足用户对环境的不同喜好，而后者则可能存在不合理的控制参数设定（Wang, et al, 2014）。因此，笔者对室内温湿度、照度等室内环境参数的控制形式进行了调查，结果如图 2.42 所示。其中，用户通过按键或给系统发送指令来控制室内环境调节设备的运行的方式较基础、直接，有 80% 的总体需求率，说明在使用智能化手段取代用户操作时，允许用户具有操作控制权是非常重要的。这一情况也可以从图 2.42 所示的第三行的调查结果看到：对于这种不提供用户主动操作设备的手段，而是通过人体感应器、时刻表等自动开关设备的控制形式，需求率稍低，且有认为不需要的观点出现。

我可以通过按键或给系统发指令主动开关灯、空调、窗、遮阳设备等

■非常需要 ■有点需要 ■有没有均可 ■有点不需要 ■完全不需要

系统根据我输入的"冷、热、干、湿、吹"等不舒适感，自动调节，消除我的不舒适感

■非常需要 ■有点需要 ■有没有均可 ■有点不需要 ■完全不需要

系统自动开关灯、空调、窗、遮阳设备等，不提供手段让我主动开关这些设备

■非常需要 ■有点需要 ■有没有均可 ■有点不需要 ■完全不需要

系统完全不需我的输入，自动将温湿度、亮度、空气质量等调节到舒适的状态

0%　　20%　　40%　　60%　　80%　　100%
■非常需要 ■有点需要 ■有没有均可 ■有点不需要 ■完全不需要

图 2.42　对室内环境控制的需求

图 2.42 的第二行显示了一种基于用户感觉的环境控制方式，它根据用户输入的"冷、热、干、湿、吹"等不舒适感来调节室内环境参数（Wang, et al, 2014）。对于这种形式，总体需求率与直接输入的总体需求率相同，为 80%，但非常需要的比率稍高，达到了 60%，表明这种基于感觉的控制方式具有较高的用户接受度和需求度。

图 2.42 的第四行显示了一种完全不需要用户干预、系统全自动调节环境

参数的、智能化程度非常高的控制形式，用户对这一功能的需求率不大，非常需要的比例只有 35%，还有 10% 的比例认为完全不需要。

2）消防、灾害预警系统

自动消防系统关系到生命财产安全，是公共建筑中最基础、最重要的智能化系统之一。虽然灾害预警系统目前在建筑中应用不多，但它能起到的提前防备、减小损失的作用也十分重要。图 2.43 总结了对消防、灾害预警功能的需求情况。

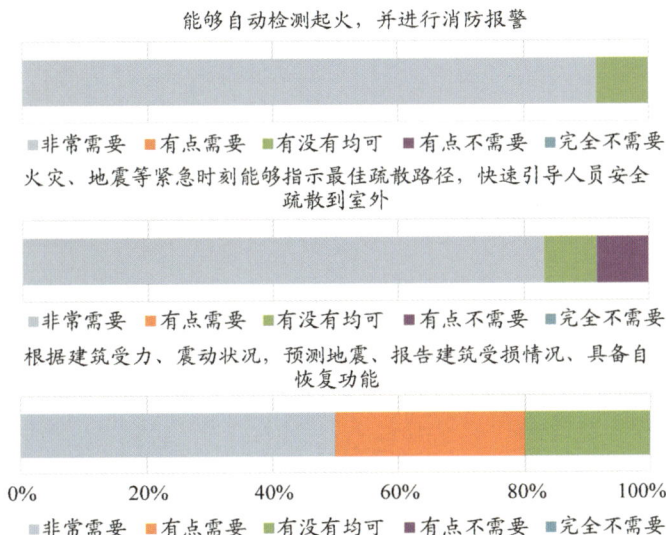

图2.43　对消防、灾害预警功能的需求

可以看出，超过 90% 的参与调查者认为需要有自动检测起火并进行消防报警的功能。而对于紧急时刻最佳疏散路径指示的功能，有超过 80% 的参与调查者认为非常需要。对于最佳疏散路径的规划，需要综合考虑建筑不同区域人员密度、逃生通道位置等各方面的因素。相比目前建筑内多采用的用固定标志指示逃生通道位置的方法，最佳疏散路径能够避免踩踏等事故，因此是十分必要的。

对于地震等灾害的预警功能，由于参与调查者主要在北京地区，地震等自然灾害较少，因此对这一功能表示非常需要的稍少，但总体需求率也达到了 80%，表明防患于未然是保证建筑安全的重点所在。

3）设备管理功能

一栋公共建筑中通常具有空调、照明、电梯等多个系统，以及相关的大量设备，在设备的运行、管理、维护方面，采用智能化系统能够大大减轻人员的工作量。图 2.44 显示了对设备管理功能的需求。

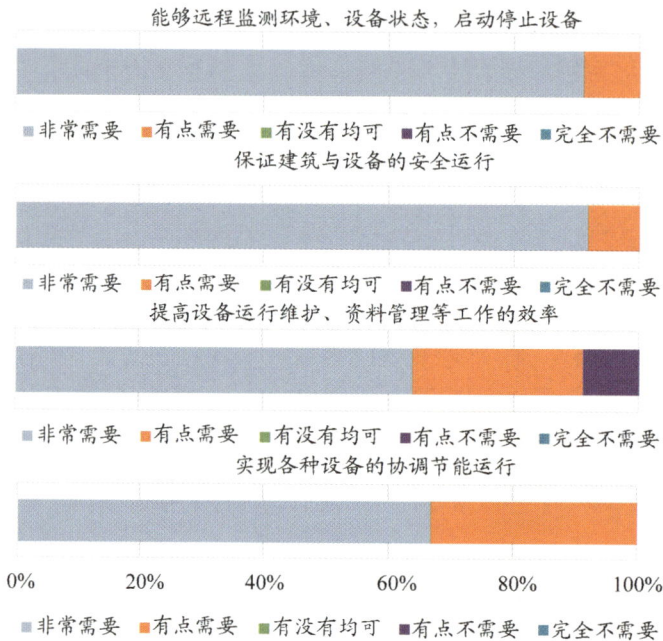

能够远程监测环境、设备状态，启动停止设备

保证建筑与设备的安全运行

提高设备运行维护、资料管理等工作的效率

实现各种设备的协调节能运行

图 2.44　对设备管理功能的需求

智能化系统在设备管理上的基本功能便是远程监测环境、设备状态，并能够远程启停设备，而保证设备与建筑的安全运行也是智能化系统必须要达到的目标之一。因此，对这两个功能，均有 90% 的参与调查者选择了非常需要，而总体需求率达到了 100%。

通过智能化系统的数据库功能记录设备的信息资料，如设备位置、运行状态、故障信息等，便可提高设备运行维护的效率，这也是实现建筑内各系统高效运作的重要手段之一，因此，对提高设备运行维护、资料管理等工作的效率这一功能的总体需求率也超过了 90%。

目前公共建筑中，不同类型、不同系统的设备通常是相对独立运作的，且各个系统分别有各自的控制策略。而若不同的设备之间能够实现相互协作运行，那么能够带来的节能潜力是相当大的。比如空调与照明系统若能够协调运行，便可以实现空调负荷、人工采光负荷总体最优化，以达到最节能的运行效果。因此，对于设备的协调节能运行，总体需求率也达到了 100%。

4）智能化功能

对更高级别的智能化功能的需求如图 2.45 所示。

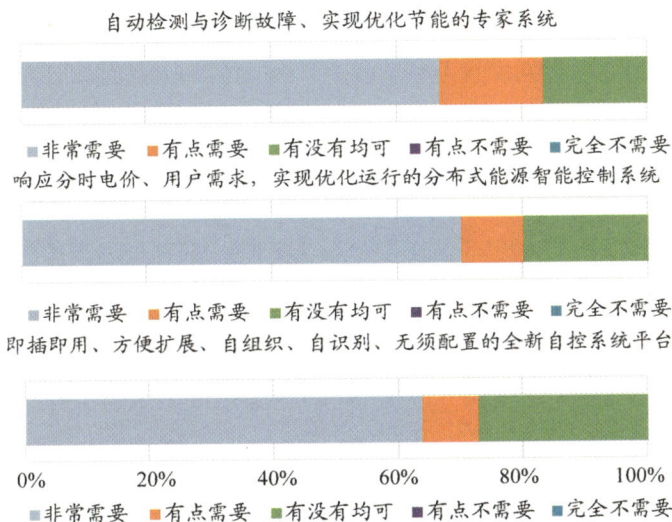

自动检测与诊断故障、实现优化节能的专家系统

响应分时电价、用户需求，实现优化运行的分布式能源智能控制系统

即插即用、方便扩展、自组织、自识别、无须配置的全新自控系统平台

图 2.45　对智能化功能的需求

一套能够自动检测与诊断故障的专家系统能够及时找出系统中的问题，从而避免设备故障等造成的能耗浪费，因此对其的总体需求率超过了 80%。而对于能够针对电价不同时段的峰谷差异，考虑用户在不同时段不同程度的用能需求，分别采用不同的能源供给策略，以获得很大的节省费用效果，能够细化在建筑内不同区域、不同时间用能情况的能源智能控制系统，总体需求率也达到了 80%。

目前公共建筑中的智能化系统通常采用"中控电脑 -DDC- 传感器 / 执行器"这样的系统架构，其存在人工配置工作量大、易出错、计算能力有限等缺陷。因此，基于自组织的新型系统平台，可以使各监控点实现自动配置、自动寻址、即插即用，能有效避免传统系统的缺陷。另外，这种自组织平台以房间为单位集成系统，并采用分布式的计算方法，突破了传统系统用中央计算机集成造成的通信、计算能力的限制。此外，自组织系统相比传统系统的有线通信方式，更能适应无线通信、物联网等新技术趋势。对于这种新型的系统形式，有超过 70% 的参与调查者认为需要。

5）规范制度

调研发现，目前公共建筑智能化系统存在许多问题。例如，子系统功能缺失、设备维护管理不到位等，在很大程度上与当前规范标准不全面、不严格有关。对建筑智能化行业制度规范的需求进行的调研和分析结果如图 2.46 所示。

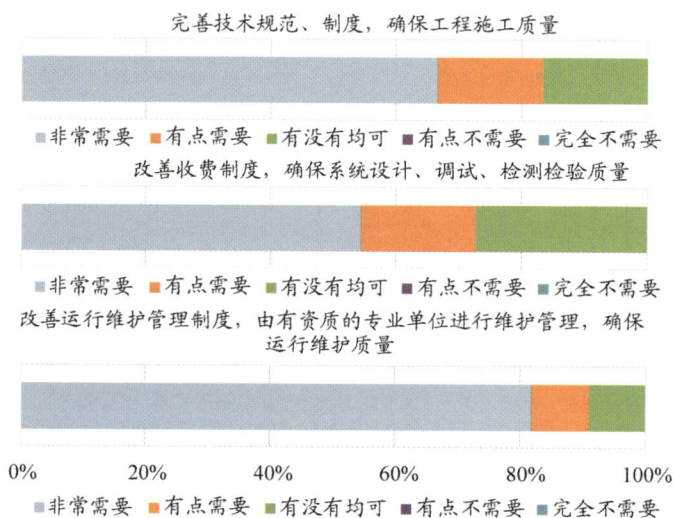

图 2.46　对制度规范的需求

智能化系统的施工是最容易出现问题的环节之一：一方面可能是由于施工人员的素质较低导致施工质量差；另一方面可能是因为施工方与设计方、验收方等缺乏交流导致系统施工未能达到预期要求。因此，超过 80% 的调研对象认为需要完善技术规范、制度，确保施工质量。

在系统的设计、调试及验收过程中，很多建筑没有选择专门的智能化系统设计单位，调试、验收也没有委托专业单位进行。这种现象在某种程度上是因为专业单位收费较高，建设单位出于节约成本的考虑选择了上述设计、调试、验收的方式，但这样容易导致设计不到位、调试检验不细致，令后期系统运行产生问题。因此，70% 的调研对象认为需要改善收费制度，确保系

统设计、调试、检测检验质量。

智能化系统的运行维护管理是保证系统寿命和建筑正常运行的关键，同样需要有资质的专业人士参与。调研中发现，一些建筑的智能化系统运行维护管理人员专业素质较低，英语水平不高，当软件界面出现英文时不会操作。运行维护管理人员专业水平不高导致了智能化系统运行效率降低，出现问题也无法得到及时解决。因此，对于改善运行维护管理制度，由有资质的专业单位进行维护管理，确保运行维护质量这一需求，选择非常需要的比例超过 80%，总体需求率为 90% 左右。

（3）调研结果总结

问卷调研结果总结如下：

超过 2/3 的参与调查者认为智能建筑具有提高室内环境舒适度、更安全、方便管理等优势，比普通非智能建筑更受欢迎。但是由于存在施工质量问题、调试与性能检验不充分、运行维护人员培训不足等问题，只有 17% 的参与调查者认为所管理的智能建筑完全达到了预期的功能。参与调查者认为建筑智能化系统实现预期功能的保障措施主要有全过程的性能检验，传感器、执行器等的定期校正与保养，相关规范、标准、政策法规的制定与完善，运行维护人员的定期培训、标准化的功能描述等。对建筑智能化系统的各项费用调查显示，硬件费用占了接近一半，软件、设计、调试费用各占 15% 左右。而对施工工人的技术资质调查显示，没有资质的人所占比例最大，为 30%，中级工、高级工、工程师各占 20% 左右。对建筑智能化系统的运行维护状况调查显示，有接近 40% 的建筑没有对执行器等进行定期校正、保养，只有出故障时才维修；关于运行维护管理人员的技术资质，初级工、中级工、高级工、助理工程师各占 20% 左右，工程师及以上占 10% 左右。这些数据显示出目前建筑智能化系统存在重硬件、轻软件、重投资、轻维护的问题，迫切需要解决，以避免智能化系统成为一种摆设，避免投资浪费与重复投资。

对智能化系统功能的调研结果显示，在改善室内环境控制形式、保障建筑安全、提高设备管理效率、实现新的系统功能、完善规范制度等各方面，

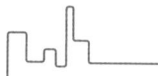

显示出对智能化系统的较大需求，具体如下：

对室内环境控制比较大的需求有：①能够直接通过按键或给系统发指令主动开关空调等设备；②系统根据用户输入的"冷、热、干、湿、吹"等不舒适感自动调节。对②表示非常需要的比例较高，表明这种基于舒适感的新控制方式具有比较高的可接受度。

对消防、灾害预警系统的主要需求有：①能够自动检测起火，并进行消防报警；②火灾、地震等紧急时刻能够指示最佳疏散路径，快速引导人员安全疏散到室外。对这两者非常需要的比例均超过80%，表明对智能化系统的保障生命财产安全的需求比较大。

对设备管理功能方面的主要需求有：①能够远程监测环境、设备状态，启动停止设备；②保证建筑与设备的安全运行；③提高设备运行维护、资料管理等工作的效率；④实现各种设备的协调节能运行。这几项的需求度均较高，表明保证设备的高效、协调运行是智能化系统备受期待的功能。

对更高级别的智能化功能的主要需求有：①自动检测与诊断故障、实现优化节能的专家系统；②响应分时电价、用户需求，实现优化运行的分布式能源智能控制系统；③即插即用、方便扩展、自组织、自识别、无须配置的全新自控系统平台。这些功能有助于实现建筑节能，而自组织的系统形式有助于改善传统系统人工配置量大、计算能力有限的缺陷。

对规范制度的主要需求有：①完善技术规范、制度，确保工程施工质量；②改善收费制度，确保系统设计、调试、检测检验质量；③改善运行维护管理制度，由有资质的专业单位进行维护管理，确保运行维护质量。智能化系统的设计、施工、验收、运行维护管理等每个环节，均需要有全面、严格的标准、制度，以约束建筑智能化各个行业的行为，特别是在改善运行维护管理情况方面有很高的必要性。

通过上述对公共建筑智能化系统需求的调研分析总结，可以看出建筑智能化系统的发展趋势，即更规范、更便捷、更安全、更节能。笔者希望通过本书，能为智能化系统的改进提供参考方向，引导智能建筑的良性发展。

2. 家居与社区智能化需求问卷调研

随着经济的发展、人们生活水平的提高，以及商家宣传的增多，"智慧家庭""智能家居"等字眼越来越为人们所熟知。一套完整的智能家居系统能够实现哪些功能？它能给生活带来什么样的变化？人们对智能家居的真正需求又是什么？同时，有文献认为现在市场上的很多产品虽然功能很多，但是大多都不实用，有些产品还要具备许多培训和专业知识后才能学会复杂的操作，将会引发消费者的抵触情绪（中国智能家居网，2011）。为了探明人们对智能家居系统的主要观点，找出现有智能家居系统的不足和用户的真正需求，笔者以居住于北京的居民为对象，进行了调查，以期为智能家居行业提供基础参考数据。

本次智能家居用户需求调查采用发放纸质调查问卷的方式进行。问卷内容包括参与调查者信息、安全防范、环境控制、信息通信、视听娱乐、费用共 6 个方面、55 个问题。本次调查共发放问卷 270 份，回收问卷 249 份，其中有效问卷 217 份，有效率为 87.15%。

参与调查包括男性 95 人，女性 122 人；参与者的年龄跨度从 20~60 岁不等；参与调查的人员来自机关、服务业、餐饮业、建筑工程业、文教、公共事业、金融业等单位。参与调查者的主要信息如图 2.47 所示。

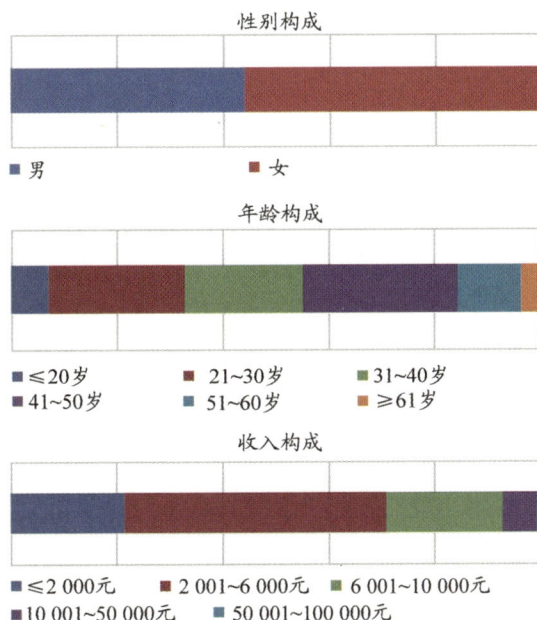

性别构成

■ 男　　　　　　　■ 女

年龄构成

■ ≤20岁　　　　■ 21~30岁　　　　■ 31~40岁
■ 41~50岁　　　■ 51~60岁　　　　■ ≥61岁

收入构成

■ ≤2 000元　　　　　■ 2 001~6 000元　　　　■ 6 001~10 000元
■ 10 001~50 000元　　■ 50 001~100 000元

职业构成

- ■ 机关
- ■ 农牧业
- ■ 服务业
- ■ 木材，森林业
- ■ 矿采业
- ■ 交通运输业
- ■ 餐饮业
- ■ 建筑工程业
- ■ 制造业
- ■ 新闻广告业
- ■ 卫生
- ■ 治安人员
- ■ 文教
- ■ 公共事业
- ■ 商业
- ■ 金融业

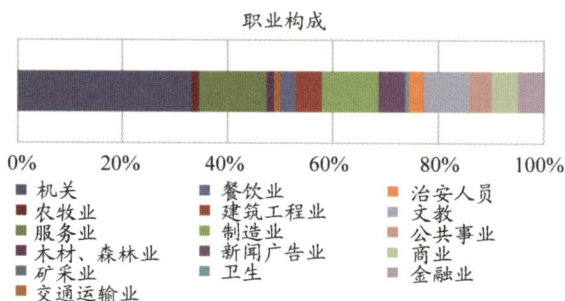

图 2.47　家居与社区智能化需求问卷调研参与调查者信息

调查结果总结如下：

（1）对智能家居系统的需求调查

1）安防系统

现在的业主在挑选房子的时候不仅仅只是看中房子本身的品质，小区的环境、安全等因素都要加以考虑，尤其安全性更是重中之重。调查显示，认为小区需要安装门禁系统的人超过 40%（见图 2.48）。而关于门禁系统的形式，参与调查者更倾向于选择刷卡式的进出方式；遥控和面部识别方式因为价格昂贵、维修费用高、技术不成熟等，未得到大家的认可；而密码的形式，对老年人来说比较不方便，也存在密码泄露导致安全性降低的问题，没有得到很多人的青睐。

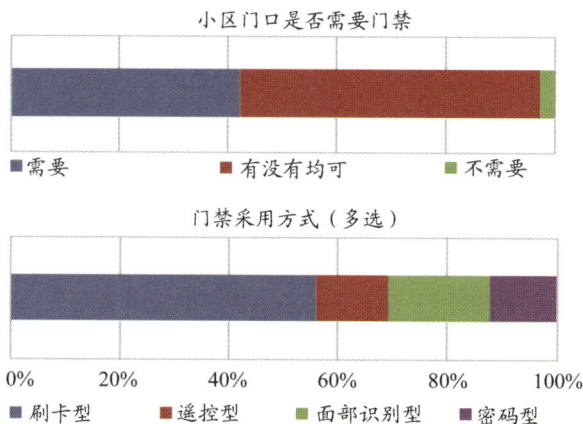

小区门口是否需要门禁

- ■ 需要
- ■ 有没有均可
- ■ 不需要

门禁采用方式（多选）

- ■ 刷卡型
- ■ 遥控型
- ■ 面部识别型
- ■ 密码型

图 2.48　对安装门禁的需求

82

图 2.49 统计了小区内是否需要周界监控系统。超过 90% 的参与调查者认为非常需要该系统。参与调查者认为最为有效的监控方式为 360° 摄像机，与此接近的选择是保安巡逻。360° 摄像机可以全方位、24 小时不间断地进行监控，还可以事后调查留下的证据。由于周界报警系统有可能发生误报，使用摄像机也有可能存在监控不到的死角，所以同时需要保安巡逻来人为判断报警真伪。这两种方式相结合会极大提高小区的安全水平。

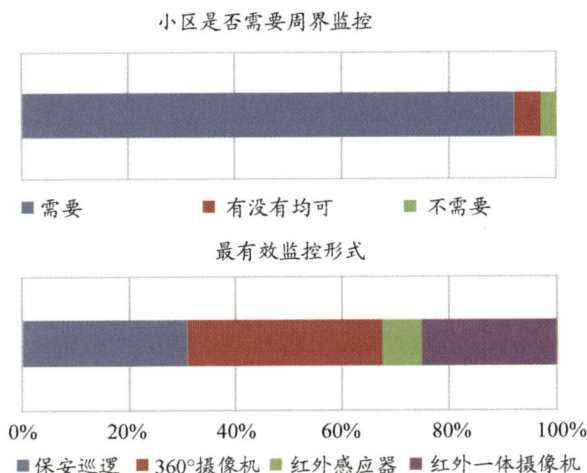

小区是否需要周界监控

■ 需要　　■ 有没有均可　　■ 不需要

最有效监控形式

0%　　20%　　40%　　60%　　80%　　100%

■ 保安巡逻　■ 360°摄像机　■ 红外感应器　■ 红外一体摄像机

图 2.49　对小区周界监控的需求

家对于每个人来说是放松、休憩的温馨港湾，享受这宁静的时光的前提就是安全要有保障。图 2.50 显示了参与调查者对单元门禁系统的需求状况。超过八成的参与调查者认为需要该系统，这说明单元门作为家的第二道防线也很受人们重视。关于单元门禁方式，刷卡型最受欢迎。这种方式既保证了开启权限，又兼具了方便性。不过这种形式很容易因为电子锁的故障而无法开启，加上采用钥匙等机械的打开门禁的方式，在提高安全性、便利性的同时增加可靠性，是很多参与调查者表示出的需求。

北京的部分中高档小区已经实现了专户专梯，即通过刷卡授权启动电梯，电梯只能停在自家所在的楼层。但是调查发现对这种设计有需求的人仅为 40%，大部分人还对这个设计持观望态度（见图 2.51）。对于户门是否安装门磁进行防盗，大部分参与调查者认为需要安装。这说明家庭安全的最后一道防线得到了大家的重视，而门磁这种报警手段为用户提供了安全保障。

是否需要单元门禁

■ 需要　　■ 有没有均可　　■ 不需要

门禁方式（多选）

0%　　20%　　40%　　60%　　80%　　100%

■ 钥匙型　■ 刷卡型　■ 指纹型　■ 密码型　■ 面部识别型

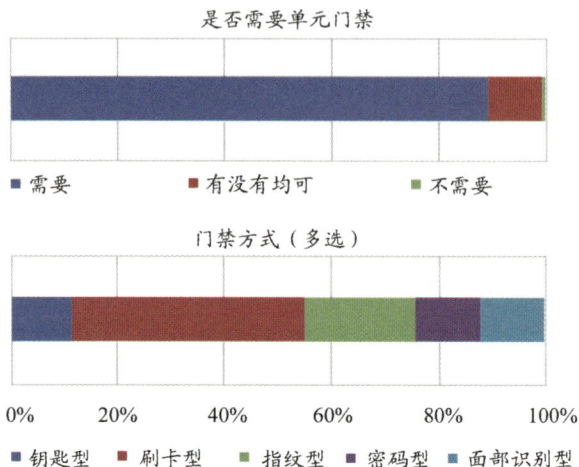

图2.50　对单元门禁的需求

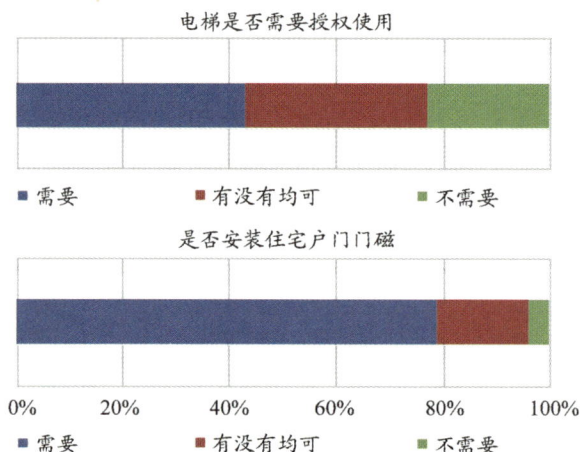

电梯是否需要授权使用

■ 需要　　■ 有没有均可　　■ 不需要

是否安装住宅户门门磁

0%　　20%　　40%　　60%　　80%　　100%

■ 需要　　■ 有没有均可　　■ 不需要

图2.51　对授权电梯及户门门磁的需求

　　由于窗户不像户门那样安装有防盗装备，所以这成为容易被窃贼入侵的薄弱点。调查结果显示，人们对解决这一问题表示了很强烈的愿望。在为窗户选择的安防措施中，金属防盗窗依然是大家的首选（见图2.52）。这是因为金属防盗窗的价格相对低廉，并且简单可靠。但是防盗窗容易成为盗贼的攀登跳板，侵入没有安装防盗网的邻居，而且视觉上并不美观。因此，有些城市要求强制拆除防盗窗，改装了红外感应报警器。这种依靠感温原理设计的报警器可以实现准确报警，但不足就是无法对入室者起到阻拦的作用。这是选择这一措施的参与调查者比选择金属防盗窗的少的原因之一。选择窗磁报警的参与调查者也比较少。

是否安装窗户报警

■需要　　■有没有均可　　■不需要

窗户安防措施（多选）

0%　　20%　　40%　　60%　　80%　　100%

■金属防盗窗　　■窗磁　　■红外感应报警器　　■卷帘防盗窗

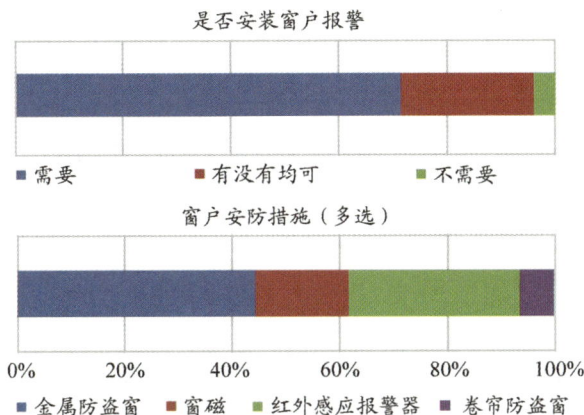

图 2.52　对窗户安防措施的需求

关于家中是否需要安装烟感报警器和可燃气体报警器，大多数参与调查者认为这两种报警器都是十分需要的（见图 2.53）。而且如果家中的报警器可以与物业中心相连，还可以对家中无人时发生的意外情况进行紧急处理（见图 2.53）。这一措施对于解决因老年人忘记关闭燃气阀门而引起火灾这一问题非常有效，受到大多数参与调查者的青睐。

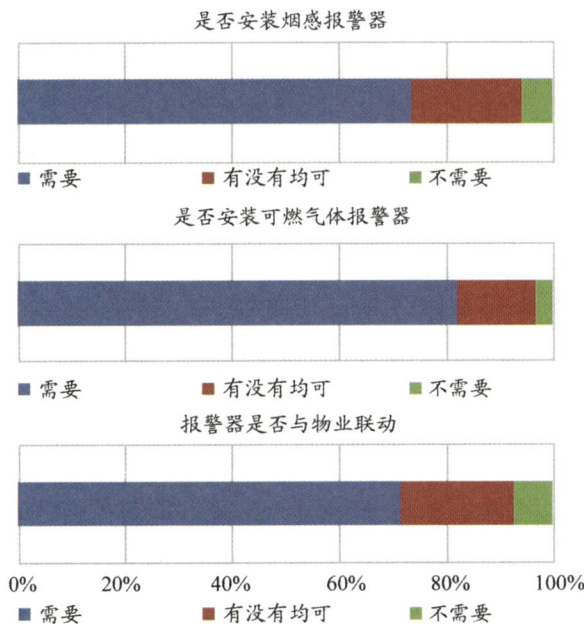

是否安装烟感报警器

■需要　　■有没有均可　　■不需要

是否安装可燃气体报警器

■需要　　■有没有均可　　■不需要

报警器是否与物业联动

0%　　20%　　40%　　60%　　80%　　100%

■需要　　■有没有均可　　■不需要

图 2.53　对烟感报警及可燃气体报警器的需求

在北京的很多住宅小区中已经安装了户内报警系统，当户内发生危险时，可以进行报警。多达74%的参与调查者认为需要这一功能（见图2.54）。

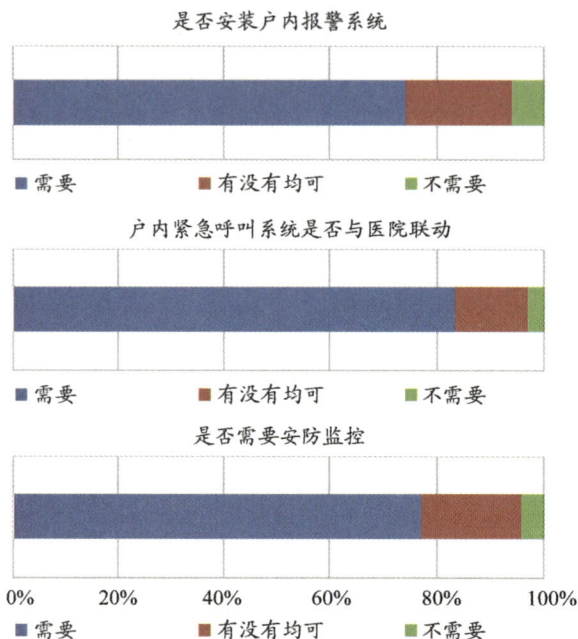

是否安装户内报警系统

■ 需要　　■ 有没有均可　　■ 不需要

户内紧急呼叫系统是否与医院联动

■ 需要　　■ 有没有均可　　■ 不需要

是否需要安防监控

0%　　20%　　40%　　60%　　80%　　100%

■ 需要　　■ 有没有均可　　■ 不需要

图2.54　对户内报警、与医院联动、安防监控的需求

医疗救护一直是大家颇为关心的话题，当家中有人发病时可以及时通知医院做好接受准备，就可以减少等待时间，为病人争取到治疗时间，84%的参与调查者认为需要户内紧急呼叫与医院联动的功能（见图2.54）。

窃贼趁家中无人时入室行窃的案件很多，有些参与调查者反映在他们将要离家时总是要反复确认是否关好门窗，非常担心自己的疏忽招致失窃。关于"家中是否需要安装安防监控设备，以便当您离家后，一旦发生情况，可以及时向您发出信息并通知物业部门进行紧急处理"这一问题，77%的参与调查者选择了需要（见图2.54）。

2）环境控制系统

人们生活的室内环境主要涉及声、光、热、湿环境，以及空气品质。本节总结了用户对人性化、智能化、节能化的室内环境控制方面的需求。

图2.55显示了用户对家中是否需要安装人体感应器，以便实现灯具自动

开关、节约电能的需求。46.5% 的参与调查者认为需要，这表明现代人不仅在追求方便的生活，节能的意识也在逐步增强。

是否安装人体感应器

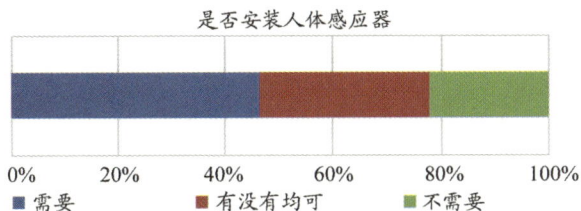

■需要　■有没有均可　■不需要

图 2.55　对人体感应器的需求

不同的灯光环境会对人的情绪、想法产生不同程度的影响。图 2.56 显示了参与调查者认为最需要的灯光情景模式，位列前三位的分别是普通模式（客厅中基本灯开启，营造出温馨的氛围）、离家模式（家中所有灯具均处于关闭状态）和起夜模式（房间、走廊、卫生间灯缓缓开启）。这三种模式是日常家居生活所必需的，而选择其他几种模式的人相对较少。

所需灯光情景模式（多选）

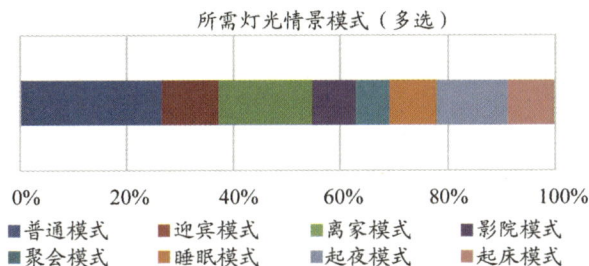

■普通模式　■迎宾模式　■离家模式　■影院模式
■聚会模式　■睡眠模式　■起夜模式　■起床模式

图 2.56　对灯光情景模式的需求

在浴室安装人体感应灯具本是出于方便用户和节约电能的考虑，但调查发现需要此功能的参与调查者只有约 1/3（见图 2.57）。他们认为频繁的开启会缩短灯具使用寿命，出现故障后不易维修，反而会造成使用不便。对于感应器与换气扇的联动需求，接近半数的参与调查者认为需要（见图 2.57）。

对于是否需要安装窗帘遥控装置及灯与窗帘联动功能，70% 左右的参与调查者认为不需要或有没有均可。参与调查者认为如果连这等小事也要靠机器来完成，人将会变得越来越懒惰，甚至丧失基本的生活能力。一旦有了这种依赖，恐怕身体健康会进一步受损（见图 2.58）。

浴室是否安装人体感应器控制灯光

图表：需要 / 有没有均可 / 不需要

人体感应器是否与换气扇联动

图表：需要 / 有没有均可 / 不需要

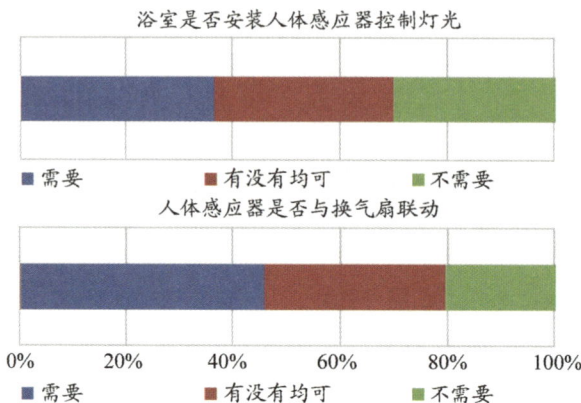

图2.57　对根据人体感应自动控制浴室灯光及换气扇的需求

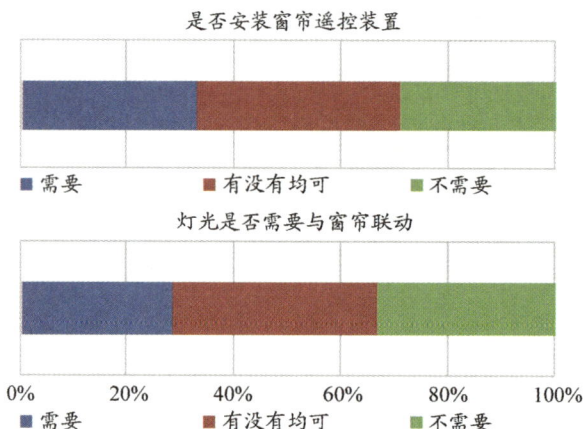

是否安装窗帘遥控装置

图表：需要 / 有没有均可 / 不需要

灯光是否需要与窗帘联动

图表：需要 / 有没有均可 / 不需要

图2.58　对窗帘遥控及窗帘与灯光联动的需求

　　如果家中的窗户可以根据室内外温差而自动调节开启幅度，将会给用户带来更贴心的保护。例如，再也不用担心夜风太凉而使老人孩子生病；避免家里没人时下雨造成淅雨；夏天屋内闷热，自动开窗通风可缓解暑气。大家对这个功能的认可度达到了半数。对于是否需要在家中安装温度与湿度传感器以调节空调，超过半数的参与调查者认为需要（见图2.59）。但是也有人担心家中的空调使用过频，会缩短使用年限，维修、更换费用会比之前付出更多。

　　水表、电表等的自动抄表功能，既可以为自来水公司、电力公司等省去人工费的支出，又可使用户不再需要家中留人或省掉自行抄写表数的麻烦。因此，该功能得到半数以上的参与调查者的支持（见图2.60）。

窗户上是否安装温度传感器控制窗户开度

■ 需要　　　　■ 有没有均可　　　■ 不需要

空调是否与温度与湿度传感器配合

0%　　20%　　40%　　60%　　80%　　100%

■ 需要　　　　■ 有没有均可　　　■ 不需要

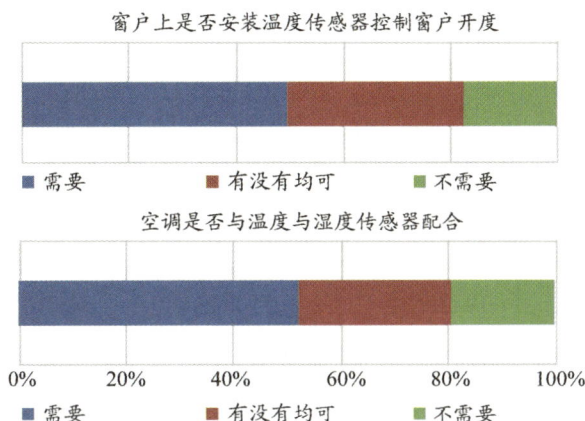

图 2.59　对自动控制窗户开度与空调的需求

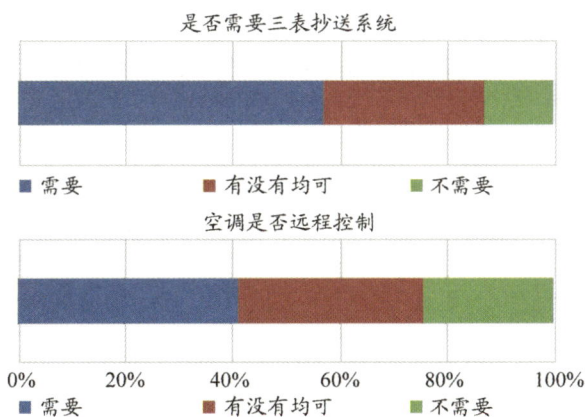

是否需要三表抄送系统

■ 需要　　　　■ 有没有均可　　　■ 不需要

空调是否远程控制

0%　　20%　　40%　　60%　　80%　　100%

■ 需要　　　　■ 有没有均可　　　■ 不需要

图 2.60　对三表抄送与远程控制空调的需求

炎炎夏日，下班或是外出归家，如果可以立刻享受到丝丝凉爽，是非常惬意的享受。这一功能可以通过远程启停空调系统实现。调查结果显示，选择需要此系统的参与调查者占 42%，认为有没有均可的参与调查者占 34%，认为不需要的参与调查者占 24%，如图 2.60 所示。

图 2.61 显示了用户对自动煮饭功能的需求，选择不需要和有没有均可的参与调查者占到了 59%，认为需要的参与调查者占 41%。对于自动定时开关洗衣机功能只有 39% 的参与调查者认为需要，认为不需要的主要原因有：①不易控制洗衣量、用水量、洗涤剂用量；②无法自行进行晾晒。关于利用峰谷分时电价自动启动洗衣机等设备，在夜间电价便宜时运转，42% 的

人表示需要，有 36% 的人表示要根据电价差决定是否需要。

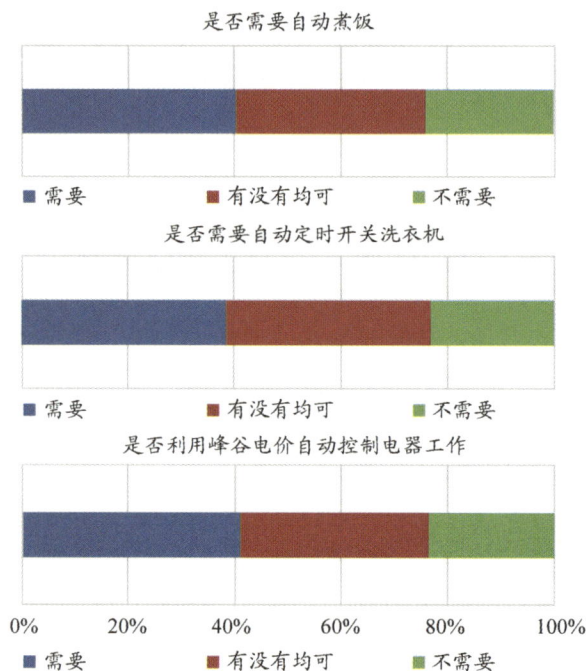

是否需要自动煮饭

■ 需要   ■ 有没有均可   ■ 不需要

是否需要自动定时开关洗衣机

■ 需要   ■ 有没有均可   ■ 不需要

是否利用峰谷电价自动控制电器工作

0%   20%   40%   60%   80%   100%

■ 需要   ■ 有没有均可   ■ 不需要

图 2.61　对自动煮饭、洗衣，以及根据峰谷电价自动控制电器工作的需求

对于家中电器是否需要集中控制，64% 的参与调查者认为不需要或有没有均可（见图 2.62）。这其中的原因有：①担心系统越集中，一旦一处出现故障，则全部家电都处于瘫痪状态；②生活水平还未达到；③做家务也是一种锻炼与生活的乐趣。对于自动清扫器，老年人比年轻人更需要，尤其是腿脚不便的老人。但是他们一方面担心操作太过复杂，无法使用；另一方面也担心这种家电的售价高昂，如果价格相较普通家电贵 1 000~2 000 元还是可以接受的。

3）信息通信系统

图 2.63 显示了是否需要建立户内电话网的调查结果，超过六成的参与调查者认为并不需要该系统。主要原因是：①该系统适合别墅类的大型住宅，居家小户型不太需要；②有手机就已足够。至于手机是否需要与家中座机绑定的功能，超过 60% 的人认为需要，而该功能也已经可以实现。

家电是否需要集中控制

■ 需要　　　■ 有没有均可　　　■ 不需要

老年人是否需要自动清扫器

■ 需要　　　■ 有没有均可　　　■ 不需要

年轻人是否需要自动清扫器

0%　　　20%　　　40%　　　60%　　　80%　　　100%

■ 需要　　　■ 有没有均可　　　■ 不需要

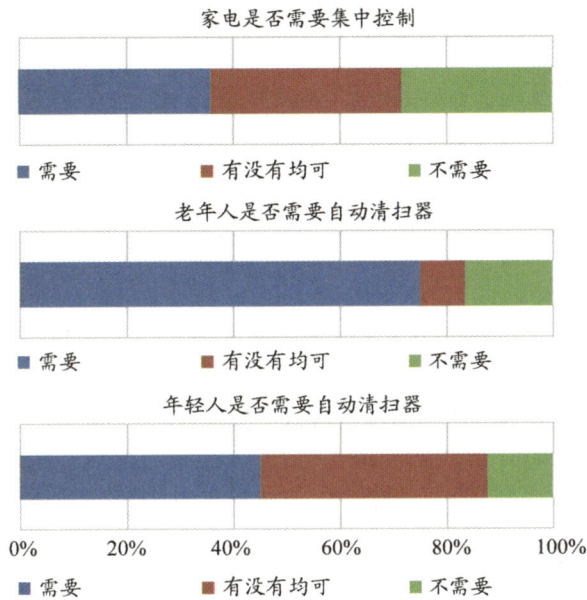

图 2.62　对家电集中控制与自动清扫器的需求

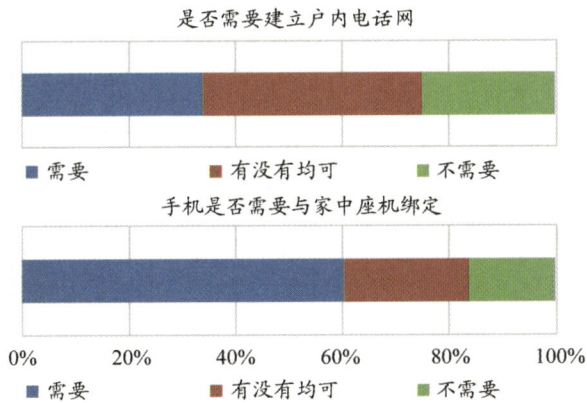

是否需要建立户内电话网

■ 需要　　　■ 有没有均可　　　■ 不需要

手机是否需要与家中座机绑定

0%　　　20%　　　40%　　　60%　　　80%　　　100%

■ 需要　　　■ 有没有均可　　　■ 不需要

图 2.63　对户内电话及其与手机座机绑定的需求

　　将家中的门禁系统通过网关与手机相连，当有人忘记带钥匙时，其他家庭成员可以远程开锁的功能受到了大家的欢迎。但是也有人担心万一手机丢失，被他人捡拾，个人信息泄露，甚至威胁家庭安全（见图 2.64）。

是否需要手机控制门禁

■ 需要　　■ 有没有均可　　■ 不需要

是否需要信息公示电子牌

■ 需要　　■ 有没有均可　　■ 不需要

小区是否需要背景音乐系统

0%　　20%　　40%　　60%　　80%　　100%

■ 需要　　■ 有没有均可　　■ 不需要

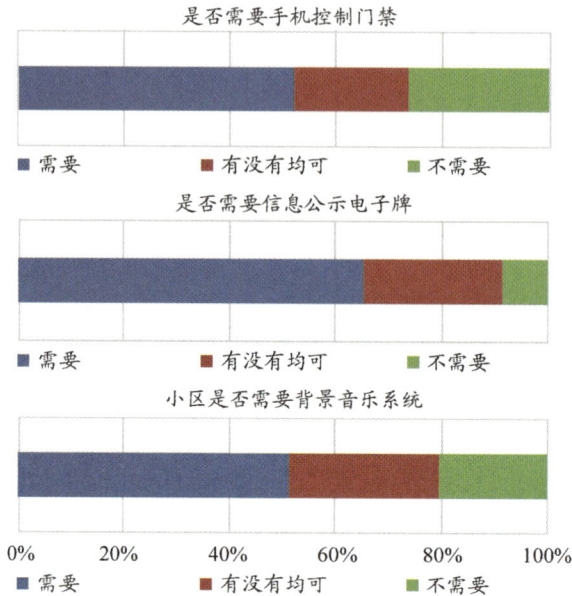

图 2.64　对手机控制门禁、信息公示电子牌、背景音乐系统的需求

对于小区信息公示电子牌，物业公司可以刊登小区日常通知、维修通知，一些生活类的广告也可以在公示电子牌上显示，这样就不用在单元门口张贴纸质广告，保护了环境。参与调查者对这一功能也表现出了极大的兴趣，66% 的参与调查者认为需要。对于小区背景音乐系统，52% 的参与调查者认为需要（见图 2.64）。这是因为这样不仅可以营造温馨的氛围，还可以在发生紧急情况时指挥小区业主做好疏散或是准备工作。不过参与调查者也提出：①音乐声音不能过大，最好放些纯音乐；②严格控制播放时间，以免影响他人休息。

4）视听娱乐系统

对于家中的各个视频终端是否需要通过家庭局域网相连接，以便在客厅、卧室、浴室等各终端可以随意收看喜欢的节目，只有 40% 左右的人认为需要。认为不需要的主要原因有：①担心电路受潮，导致洗浴时触电；②对线路进行改造，成本太高；③一般家庭中都是淋浴，如果不专心，容易发生危险受伤；④休息时需要安静的环境，不想有声音打扰。对于电视是否需要预约录影功能和家中是否需要专业的家庭影院系统，约有一半的参与调查者认为需要（见图 2.65）。

家中是否需要显示终端联网

■ 需要　　■ 有没有均可　　■ 不需要

是否需要电视预约录影

■ 需要　　■ 有没有均可　　■ 不需要

是否需要家庭影院

0%　　20%　　40%　　60%　　80%　　100%

■ 需要　　■ 有没有均可　　■ 不需要

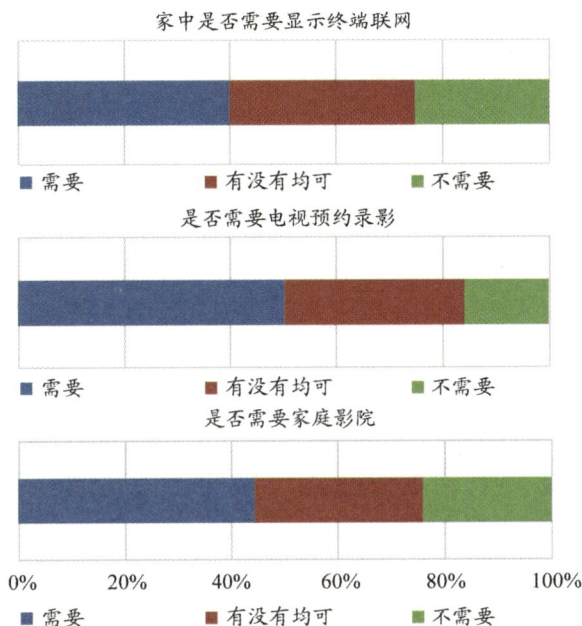

图 2.65　对显示终端联网、电视预约录影、家庭影院的需求

5）费用

如图 2.66 所示，对于是否需要安装智能化系统，表示需要的参与调查者有 42%。对于智能化系统费用，55% 的参与调查者的意愿是接受 1 万元以下，34% 的参与调查者可以接受 1 万～3 万元的费用，这两部分参与调查者占 89%。

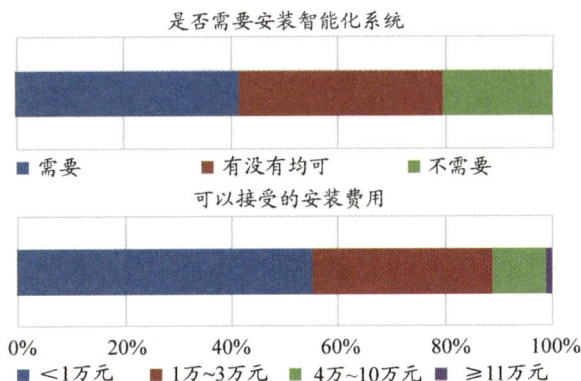

是否需要安装智能化系统

■ 需要　　■ 有没有均可　　■ 不需要

可以接受的安装费用

0%　　20%　　40%　　60%　　80%　　100%

■ <1万元　　■ 1万~3万元　　■ 4万~10万元　　■ ≥11万元

图 2.66　对安装智能家居系统的需求和可接受的费用

93

图 2.67 显示了倾向于以何种途径安装智能化系统的调查结果。倾向于由开发商提供套餐，业主自行选择，加收安装费的参与调查者最多，占 52%。

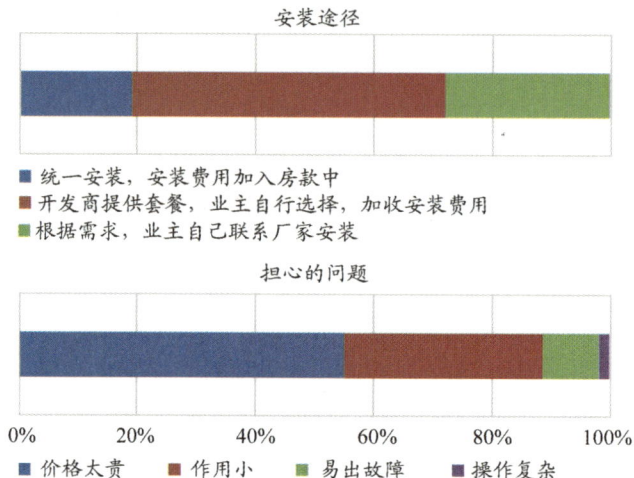

安装途径

■ 统一安装，安装费用加入房款中
■ 开发商提供套餐，业主自行选择，加收安装费用
■ 根据需求，业主自己联系厂家安装

担心的问题

0%   20%   40%   60%   80%   100%

■ 价格太贵   ■ 作用小   ■ 易出故障   ■ 操作复杂

图 2.67　对智能家居安装途径的需求和担心的问题

调查发现，参与调查者最关心的智能家居功能是安防报警、对讲、灯光控制和空调控制等，一些超前的控制功能好像并没有引起广泛的兴趣。调查发现，影响智能家居系统普及的关键因素是价格。有资料显示，目前豪华住宅项目智能家居费用为 30 万 ~100 万元，一般在 70 万元左右，开发商选购的品牌多为国外知名品牌。这些品牌一般价格较高，但都有完整的一体化的智能家居系统产品，保证了整个系统的兼容性与稳定性。中高档住宅的智能家居费用为 3 万 ~15 万元，一般在 10 万元左右，开发商选购品牌多为国内知名品牌。国内知名智能家居系统市场较为成熟，一般也会有一体化的智能家居系统产品。普通住宅一般不考虑安装智能家居系统，即使安装部分系统，也大多会选取国内二三线品牌，价格在 0.5 万元以内，且产品质量参差不齐，难有完整成套的系统产品（王建功，2010）。

调查中，笔者还发现了人们对智能家居的一些担心：①担心黑客入侵系统；②个人隐私泄露；③停电后，无法用机械方法打开；④维修费用太高；⑤售后维修跟不上；⑥家居太过智能，人会丧失基本生存能力；⑦会造成房价更高。也有文献显示，现在市场上的智能家居产品的稳定性和可靠性还较差，有待进一步提高。一套功能完善的智能家居系统是很复杂的，综合布线施工过程、后期调试都需要专业工程师进行，假如在使用过程中出现故障，维修也是一件麻烦的事（中国智能家居网，2011）。这些都是阻碍智能家居系统推广普及的关键问题。

（2）调研结果总结.

关于对智能家居系统功能需求的问卷调查结果显示，目前对智能家居有需求的用户还是把家居安防放在了首要位置，此外比较关心的还有消防、对讲、灯光控制等功能，对一些过多的自动控制功能，如自动窗帘、家电集中控制系统，并未显示出很大的兴趣。问卷调查结果总结如下：

对小区的安防系统的功能需求有：①关于小区门禁系统，刷卡式门禁最受欢迎；②关于周界监控系统，安装 360° 摄像机是选择最多的方式；③关于车辆管理系统，刷卡或牌照自动识别的方式最受欢迎。对住宅安防功能的需求有：①关于单元门禁系统，刷卡型和指纹型是最受欢迎的形式；②关于门磁和窗户报警功能，金属防盗窗和红外感应报警器相结合的形式是最受欢迎的；③需要烟感和可燃气体报警器，并且希望报警器可以与物业中心联动，以便家中没人时及时发现险情；④需要户内报警功能；⑤需要紧急呼叫功能，并能与医院联动，当有危重病人时，可以及时施以援救；⑥需要户内安防监控，当家中无人而发生入室盗窃等时能及时报警。

对环境控制系统的功能需求有：①需要感应灯控功能，同时希望频繁开启不会造成器件的损坏；②关于灯光的情景模式控制功能，普通模式、离家模式和起夜模式是需求最大的三种模式；③需要温湿度监测及控制；④需要自动抄表系统；⑤需要自动打扫卫生的电器。关于是否会利用峰谷电价差，让电器在电价便宜时工作，有 40% 左右的参与调查者表示有需求，但是要看电价差是否值得这么做，因为存在夜间电器工作噪声问题和衣服晾晒问题。

对信息通信系统的功能需求有：①需要家中座机与手机绑定，随时转接电话；②需要手机远程控制家中门禁；③需要信息公示电子牌；④需要小区背景音乐系统。

在视听娱乐方面，参与调查者并没有特别明确的需求。

在费用方面，89% 的参与调查者可以接受 3 万元以下的费用。关于阻碍智能家居系统推广的最大障碍，超过一半的参与调查者认为是价格太贵，另有 1/3 的参与调查者认为智能家居系统起不到太大作用。

三、我国智能建筑产业存在的问题与原因分析

（一）智能建筑

基于文献中提到的智能化系统存在的问题及改善智能建筑的措施，以及笔者的现场调研与采访结果，针对智能建筑不同方面的问题，提出如下相应的改善措施：

（1）开发商问题。建立明确的智能化系统分级标准，指导开发商对项目进行合理定位。新编制实施的行业标准《建筑设备监控系统工程技术规范》（JGJ/T 334-2014）（住建部，2014）中提出，可将智能化系统的功能按照运行维护管理要求，分为监测、安全保护、远程动作、自动启停、自动调节五个逐级提高的层次，后一层级的功能包含前一层级的功能。通过分级，开发商能够选择项目需求的智能化水平，从而投入相应水平的经费，能够起到节约成本、避免盲目追求高档、避免投资浪费的作用。此外，需要建立建筑智能化系统的投资效益分析方法（Chen and Wang，2013），通过对建筑智能化系统的投资与效益进行分析，为投资决策提供依据。

（2）设计施工问题。一方面，需要完善相应法规标准，以监督设计施工质量，在整个设计施工过程中，加强对系统各方面性能的检验。另一方面，设计施工中可采用标准化的功能需求描述方法。该方法是指把智能化系统各个设备的功能分为监测、安全保护、远程动作、自动启停、自动调节五类，针对每类功能分别设计标准化的表格，对上述各功能的参数测量精度、系统的响应时间、数据记录间隔等进行标准化的准确描述（王美婷，等，2012）。这些表格可作为交接文档，在智能化系统的设计、施工、调试、验收及运行维护管理过程中提供依据，可以较为有效地解决暖通空调、弱电等各专业之间，以及设计施工各阶段之间的脱节问题。

（3）设备产品问题。制定政策法规规范产品使用寿命、应有功能等质量问题，以提高设备耐用性、减少故障率；并规范售后服务质量、设备维修更换的流程等，以提高产品设备更换的效率；规定通用的产品标准、统一的通信协议，使系统具有更佳的兼容性和稳定性。

（4）人员素质问题。一方面，培养专业的建筑智能化系统设计施工人员，加强暖通设计人员与弱电设计、施工人员的交流合作，从而使智能化系统设计的功能得到较好的实现。另一方面，建立对运行维护管理人员的专业资质评审制度，人员需持证上岗，并接受定期培训。

（5）维护管理问题。对设备进行定期的维护校正。对于电子产品，根据其平均无故障时间（王福林，毛焯，2012），确定产品的维护保养周期，定期进行产品校正与维护保养，保障系统的正常使用，避免系统的弃用现象。

（6）系统技术问题。相对于传统的建筑自控系统，自组织的分布式新型系统平台能够带来很多方面的改进。如这种系统中各监控点能够实现自动配置、自动寻址、即插即用，能有效避免传统系统需人工配置监控点产生的工作量大、易出错等问题；再者，自组织平台以房间为单位集成系统，并采用分布式的计算方法，突破了传统系统用中央计算机集成造成的通信、计算能力的限制；并且自组织系统相比传统系统的有线通信方式，更能有效利用无线通信、物联网等新技术。另外，在传统系统的基础上，提高系统的集成水平，开发开放程度高、兼容性好、智能化程度高的产品，也是提高系统稳定性的有效措施。

通过调研，目前公共建筑智能化现状可以概括为：运行良好的智能化系统能够为建筑管理带来便利，减少人员工作量。满足基本要求、有硬性法规指导的安防、消防系统，运行现状较为良好；楼宇自控系统智能化水平参差不齐，普遍存在功能缺失的现象。

公共建筑智能化存在的问题主要出现在开发商、设计施工、设备产品、人员素质、维护管理、系统技术等方面。而本书通过文献调研和现场调研，总结了智能建筑各方面的问题和相应的改善措施。笔者希望本书能够帮助建筑智能化行业内的各部门对实际存在的问题进行相应的改善与优化，从而能

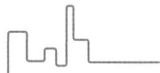

够推动智能建筑行业的良性发展。通过国内外智能建筑研究与发展状况的比较，可以得到以下三点启示：

（1）与国外智能建筑的发展状况相比，我国智能建筑的安防系统、消防系统发展尚可，楼宇自控系统的发展水平属于初级阶段。2008年，我国智能建筑楼宇自控系统市场规模实际统计值是33亿元，北美是267亿元，欧盟七个主要国家的总值是272亿元（Deng，2009）。我国的智能建筑市场规模约是美国的1/5，与欧盟一个国家的市场规模相当。我国2008年的智能建筑楼宇自控系统市场规模比2007年增长了10.5%（Deng，2009）。估计到2025年，我国智能建筑的市场规模将达到160亿元，与美国相当。

（2）我国智能建筑相关研究，大多是对智能建筑的现状及发展前景的探讨，有关新技术的研究开发的内容比较少。此外，智能建筑相关文献各年的刊出数量反映出，2003—2007年研究人员对智能建筑关注度比较高，2008—2010年一度下降，最近一两年对智能建筑的关注度又有上升的趋势。这主要是由于物联网、云计算等新的IT技术、电子技术给智能建筑建设带来新的机遇和挑战，可能会令智能建筑建设快速发展。此外，随着我国经济水平的提高，建筑的智能化的市场接受度也在逐步提高，也会增大智能建筑的建设量。技术和经济的因素，都可能造成智能建筑在今后几年内会有较大程度的发展，迫切需要国家从政策的层面引导智能建筑行业朝着健康、高效的方向发展。

（3）我国自主品牌的楼宇自控系统产品的市场占有率低。如表2.5所示，在我国智能建筑的楼宇自控系统市场所占份额排前十位的企业中，只有一家我国企业，市场份额只有1.8%。因此，需要大力扶植智能建筑行业的民族企业，使智能建筑成为"中国创造"战略的组成部分。

（4）智能建筑现场调研结果显示，与国外智能建筑的运行水平相比，我国现阶段的智能建筑楼宇自控系统的运行水平处于初级阶段，90%只实现了监测与远程动作的功能，智能化系统的节能、高效的优势并没有发挥出来。根据现场调研结果，其原因可以总结为以下五个方面：

①设计问题。目前在建筑设备专业设计中一般都没有对设备的自动控

制进行设计，或者只是简单地对自动控制专业提出工艺要求，没有从设备运行的角度提出详细的控制功能要求。而自动控制专业人员从事建筑设备控制系统设计时由于没有设备专业设计的控制功能要求，只能根据自己的理解对建筑设备控制功能进行设计，这往往使得控制效果无法满足要求，自动控制效果不好，最终导致运行过程中废弃自动控制功能，改为运行维护人员手动控制。

②建设流程问题。由于设计过程没有对建筑设备的自控功能进行详细的定义，给智能建筑建设的后续流程埋下了隐患。在招投标过程中，标书中没有对自动控制系统的功能进行详细明确的定义，中标方就可以比较随意地进行施工。而且在调试、检测、验收阶段，因没有自控系统的详细定义，缺乏调试、检测、验收依据，基本使得调试、检测、验收流于表面，无法保障自控功能的顺利实现。

③运行维护问题。运行维护中存在的问题表现为五个方面：一是缺乏自控功能的详细设计，运行维护人员缺乏运行依据，只能根据自己的经验摸索。二是运行维护人员技术水平普遍不高，对自动控制系统不了解，学会的操作也只是比较简单的操作，一旦系统出现一些异常，就无法处理，只能将自动控制改为手动控制。三是运行维护人员待遇不高，导致运行维护队伍不稳定，跳槽率高。智能化系统在交付使用时对运行维护人员进行了培训，而受过培训的人员离职后，新来的运行维护人员没有受过培训，无法很好地使用系统，使得系统的运行维护管理没有继承性。四是智能化系统运行维护的专业分配不合理，目前建筑的智能化系统的运行维护管理大多由弱电专业运行维护人员承担，这使得系统使用与操作脱节，不利于充分发挥智能化系统的功能。五是运行维护预算不足，传感器、执行器、控制器故障时，没有经费进行维修或更换，导致出故障的自控系统停止运行。此外，传感器、执行器进行定期校正，保证动作、控制正常，而几乎所有调研建筑都没有预算对传感器、执行器进行定期校正的费用，不正确的测量和动作也导致控制异常，最终停止自动控制的运行。

④业主对智能建筑的认识。目前很多业主对智能化系统的认识基本是想

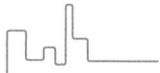

通过智能化系统提高建筑的档次，使之上升为 5A 级写字楼，以有利于写字楼的出租。这种认识就导致业主只重视有没有智能化系统，而不重视智能化系统运行得好不好，所以在施工阶段，往往受到开业期限的制约，没有留出足够时间进行智能化系统的调试。没有调试充分的智能化系统在运行过程中其智能功能、节能功能自然得不到充分发挥。由于不重视智能化系统的运行，就不会有足够的资金投入到智能化系统的运行维护，更不利于智能化系统的良好运行。

⑤楼宇自控产品问题。主要表现在厂商的服务和产品质量两个方面。楼宇自控产品厂商的服务问题一是服务不够及时，服务费用等方面存在分歧，导致服务滞后甚至不提供服务，使得智能化系统的故障得不到维修，最终导致智能化系统的瘫痪、废弃。二是厂商对产品技术开放程度不够，出于保护产品知识产权或者经济利益的考虑，很多产品（如冷机）往往不对用户提供开放的接口或者收取较高的接口费，这导致智能化系统无法对这些设备运行状况进行监测，无法对其运行进行调节操作。此外，很多设备的控制器不允许用户更新控制程序，使得一些新的节能控制策略无法载入控制器，不利于发挥智能化系统的节能功效。

（二）智能家居与社区

产品质量参差不齐也是亟待解决的一个问题，特别是线缆、周界红外报警传感器、楼栋门禁，出故障率较高，需要加强产品质量管理政策。

调研发现，目前的智能家居与社区系统存在施工质量差、易出故障、兼容性差、维护保养不良等问题。针对这些问题，笔者提出以下建议：

（1）加强智能家居与社区系统的从设计到施工到运行的全生命周期的质量管理。智能化系统的施工质量，一直不令人满意。崔海萍（2004）通过调查指出业主对智能化系统建设质量的满意程度只有 56.1%，接近一半的智能化系统工程质量不能令用户满意。造成这一结果的原因很大程度上是智能化系统的功能设计没有清晰准确地传递给施工单位，从而使建成的智能化系统无法实现需要的智能化功能。要解决这一问题，建议采用标准化的智能化系

统功能描述方法（王美婷，等，2012），从设计到施工到运行的全生命周期，采用标准化的语言，清晰地定义、实施、检验智能化系统，进而保证其正常有效地运行。

（2）加快智能化产品的国产化进程，制定统一的行业标准，保证产品的兼容性，提高产品质量与寿命。英国咨询机构BSRIA调查发现中国自主品牌的建筑智能化产品的市场占有率不到10%（Deng，2009）。因此，需要大力培育我国自主品牌的智能化产品，打破国外技术垄断，使智能家居成为"中国创造"战略的组成部分。调查发现，可视对讲门禁的视频部分、机动车门禁、周界红外报警等设备故障率高、寿命短、兼容性差。社区物业管理人员和业主在肯定了智能化系统给生活带来便利舒适的同时，对系统故障率高、产品更换周期长、维护成本偏高等也表示了较大的不满。因此，需要制定相关的产品标准、行业标准、技术规范，保证不同厂商的产品相互兼容，保证产品质量与寿命满足要求。

（3）加强对智能化系统运行维护的重视，提高从业人员的专业素质。智能化系统具有复杂程度与技术含量高等特点，需要从业人员掌握多种学科技术、设备、系统的相关知识。调查发现有些社区虽然使用了智能化系统，但很多智能化系统处于瘫痪状态，主要原因就是缺乏懂技术、会操作、能维修的专业人员。建议建立智能化系统从业人员的执业资质审核制度，并定期开设相关内容的培训课程，按不同层次给设计、施工、运行维护人员进行培训，让从业者熟练掌握设计方法、施工规范、标准、操作守则等相关知识。专业化队伍的成长才能促进智能家居与社区产业的顺利发展。

（4）推广实用的智能化产品，并根据不同人群需求定制相应的智能化产品，避免盲目追求智能化，造成投资浪费。调研发现，很多业主表示对实用性高的智能化产品有极大的兴趣，而对于一些实用价值不高的智能化产品则不太感兴趣。因此，智能化产品的推广应该顺应这一需求，不应盲目追求智能化的名号，建设华而不实的智能化系统，最终导致系统废弃，造成投资浪费。此外，不同人群对智能化系统的功能需求不同，需要针对不同人群，定制与其需求性相适应的智能化系统。例如针对老年人群，应该简化人机交互

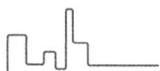

界面设计，提高功能综合化。目前的多数智能家居系统对老年人来说使用起来过于复杂，操作步骤多，密码容易被忘记，操作界面按键过多，最终导致老年人放弃使用。因此，需要关注这些特殊群体的需求，简化使用界面，设计成老人、小孩都可以操作的一键式系统，保证这些人群在无人看护的情况下可以自行操作且不会发生危险。在家居智能终端上尽可能将所需功能集中到一起，方便集中操作。

综上所述，家居与社区的智能化具有较大的用户需求与市场潜力，但目前的智能家居与社区系统存在较多问题，用户的满意度不高，需要从标准、规范、制度等多个方面对智能家居和社区产品与市场进行规范，实现需求的功能，提高产品与施工质量，延长使用寿命，实现产品兼容。随着物联网、云计算等电子技术、信息技术等的发展，智能家居与智能社区必将进入一个迅速发展、迅速普及的时期，需要以"顶层设计、市场主导、注重实效、加强管理"为原则，实现智能家居与智能社区产业的良性发展。

第3章

iCity

我国智能建筑与家居的
建设需求分析

一、发展需求分析

随着经济水平和技术水平的发展，建筑业主对建筑智能化系统的接受度逐渐提高，需求量逐渐增大。目前新建的大型公共建筑一般都设计了智能化系统，无论是从提高建筑的服务水平的角度还是从节能减排的角度出发，采用建筑智能化系统已经是大势所趋。

用户对智能化系统的使用需求迅速增长，使得智能建筑新技术的研发、智能建筑建设工程技术规范的编制、智能建筑建设管理规范化的政策制定、智能建筑运行维护管理规范化的政策制定成为极为迫切的发展需求。

笔者通过问卷调查及现场调研的方法，分别调查了公共建筑智能化系统的设计、施工、运行维护管理人员对智能化系统的需求（问卷的详细内容见附录2）和住宅居民对智能家居与社区的需求（问卷的详细内容见附录3）。通过分析建筑用户对智能化系统的需求，总结出我国智能建筑与家居建设需要在下述四个方面重点发展。

（一）智能建筑新技术的研发

目前，智能建筑新技术的研发可以总结为以下两个方面：

（1）高度信息化时代下建筑环境控制的人机交互适宜技术研发。目前的建筑室内环境控制的人机交互方式是房间用户自己设定温度设定值，然而大多数房间使用者并不是建筑室内环境的专家，他们对什么样的室内环境是舒适的，没有量的概念，经常可以看到的现象是在夏季供冷时，用户感觉到热了的时候，会将空调设定温度调到最小值（例如10℃）。但是，用户真正需要的，并不是室内温度降到10℃，而只是想比当前状态再凉快一些。然而随着室温的降低，低于用户的舒适温度下限的时候，用户又会感到冷。这样就形成了房间过冷的现象，造成不舒适的室内环境，同时过度冷却意味着空调系统过多地投入了冷量，造成了供冷能源的浪费。同样，冬季供热的时候，经常可以看到用户将空调设定温度调到最大值（例如30℃），同样造成了不舒适的过热室内环境，同时造成了供热能源的浪费。

为了解决上述问题，需要一种以"冷、热、干、湿、暗、耀眼、闷、吵"等人们可以准确表达的舒适感信息的输入来取代人们不熟悉的环境参数设定值的输入的人机交互方式的研究，以及基于舒适感信息的控制系统与方法的研发。这种方法与当前基于用户不熟悉的设定值的控制相比，可以实现更稳定的控制、更快速的调节、更高的用户满意度，以及更少的能源浪费。

（2）基于物联网技术的自组态分布式计算的智能化系统平台的研发。目前的智能化系统都采用中央监控的系统平台，这种平台需要较大的编程组态工作量，需要准确地命名每个控制点位、定义地址等，这是一件耗时耗力、容易出错的工作。而且这种系统架构的系统集成都是在最顶层的上位机处实现的，这不利于不同设备系统间的集成优化控制。如照明系统和空调系统需要进行集成优化控制时，需要把信息传递到上位机进行处理，再将优化动作下发到相应设备。这种系统的架构使得上位机的信息处理量庞大，对于控制点较多的智能建筑，通信量及延迟问题会导致集成优化控制无法顺利实现。信息电子技术的飞速发展，已为每个监控点位变为智能点提供了技术及经济的可能。充分利用每个智能点的计算能力，开发自组态分布式计算的智能化系统平台成为极为迫切的需求。

此外，目前室内的热、光、声环境，以及空气品质的控制系统，都是各自为政、互不协作的。实际上，热、声、光环境，以及空气品质的控制是耦合在一起的。例如，让较多的自然光进入室内，可以减少人工照明，降低照明能耗；但是较多的自然光进入室内，意味着较多的太阳辐射热进入室内，会引起空调供冷能耗的增加。这是一个典型的优化问题，如果能统一安排对热、声、光环境，以及空气品质的控制，进行优化、集成控制，那么就可以进一步降低室内环境控制所需要的能源消耗。模拟计算显示，位于北京的一间办公室的集成的优化控制，与相互独立的热、光、声环境，以及空气品质控制相比，具有20%左右的节能潜力（Sun, et al, 2013）。因此，迫切需要改变现有智能化系统纵向平行、顶层集成的系统架构，构建各系统横向联合、底层集成的系统架构，以实现更加快速、节能的建筑环境控制。

（二）智能建筑建设工程技术规范的编制

现有的智能建筑相关规范主要有《智能建筑设计标准》（GB/T 50314-2015）、《智能建筑工程质量验收标准》（GB 50339-2013）、《全国住宅小区智能化系统示范工程建设要点与技术导则》（建设部1999年公布），以及2014年编制实施的行业标准《建筑设备监控系统工程技术规范》（JGJ/T 334-2014）。这些标准对于保障智能建筑的设计施工水平具有重要作用，但是现有标准规范还不足以解决智能建筑行业的现存问题，在检验验收、产品标准、运行维护标准方面还需要编制新的规范，作为指导工程建设和工程设计、施工、验收及管理维护全过程的基本依据。

（三）智能建筑建设管理规范化的政策制定

前文谈到我国现阶段的智能建筑的运行水平较低，只有90%的智能建筑实现了监测与远程操作的功能，智能化系统的节能、高效的优势并没有发挥出来。造成这一现实的原因主要是智能建筑建设机制、建设流程的相关政策法规不够完善，无法保证智能建筑的功能设计满足需求，无法规范施工调试达到设计要求，无法发挥检验验收的作用。因此，迫切需要制定政策来规范智能建筑的建设过程，保证建筑智能化系统切实实现其预期的功能。

智能化产品质量及其售后服务的规范化也是迫切需要改善的方面。智能化产品质量参差不齐也是亟待解决的一个问题，特别是线缆、周界红外报警传感器、楼栋门禁出故障率较高，需要完善产品质量管理政策。智能化产品的售后服务商存在服务不及时、服务费用分歧导致服务滞后甚至不提供服务的问题。此外，很多智能化产品厂商出于保护产品知识产权或者经济利益考虑，不对用户提供开放的数据接口或者收取较高的接口费，导致智能化系统无法对这些设备运行状况进行监测，无法对其运行进行调节操作。还有很多设备不允许用户更新控制程序，使得一些新的节能控制策略无法载入控制器，不利于发挥智能化系统的节能功效。这些问题的解决，都需要依靠从政策法规的层面予以规范化。

此外，很多建筑业主对建筑智能化系统的功能需求没有清晰的认识和明确的目标，导致建筑智能化系统建设投资的盲目、造成资源浪费。因此，需要从政策的层面将建筑智能化系统的功能层次明确化，让建筑业主可以根据各自的需求选择相应的功能，进行合理投资，避免浪费。

（四）智能建筑运行维护管理规范化的政策制定

智能建筑运行维护中存在缺乏关于自控功能的详细设计，运行维护人员缺乏运行依据；运行维护人员技术水平不高，对自动控制系统不了解；运行维护人员待遇不高，导致运行维护队伍不稳定；智能化系统运行维护的专业分配不合理；运行维护预算不足，没有经费进行维修或更换出故障的产品等问题。这些问题的解决，需要制定相关政策，对智能建筑的运行维护管理进行规范，确保智能建筑的健康运行，发挥其应有的智能、节能功效。

二、建设能力分析

随着经济的发展，我国的建筑智能化系统建设的投资能力不断增强，智能建筑的市场规模不断扩大。据预测，到 2020 年，智能建筑的市场规模将会达到 2008 年的 5 倍，接近美国的智能建筑市场规模（中国社会经济调查研究中心，2012）。然而，与智能建筑投资能力迅速增强相反，目前我国的智能建筑的设计能力、施工能力、运行维护能力还比较落后，需要大力增强。只有对智能建筑的设计能力、施工能力、运行维护能力进行全面提高，才能提高智能建筑的建设水平、运行水平，使对建筑智能化系统的投资得到有效的回报，保证智能建筑的良性可持续发展。

（一）设计能力

目前建筑智能化系统的设计基本在招标完成后，由中标的系统承包商完成，甚至由承包商委托产品生产商进行设计。这一现象反映出了智能建筑设计能力的严重不足，非常不利于建筑智能化系统功能的发挥和智能建筑市场的良性健康发展，需要大力规范和提高建筑智能化系统的设计能力。在设计阶段，应根据建筑业主对智能化系统的功能需求进行相应的系统设计，采用标准化的描述方法对各项功能进行清晰明确的定义，并将此功能定义贯穿于智能建筑的整个生命周期的始终，作为施工、调试、检测、验收、运行的依据。设计能力只有达到这一要求，才能从源头上保障智能建筑发挥其应有的功能。

（二）施工能力

足够的施工能力是建筑智能化系统能正常运行的必要保障。有不少失败案例是由于施工能力不足，使得安装好的智能化系统无法调试通过，不能投入运行，造成极大的投资浪费。因此，需要严格加强对施工资质的管理，确保施工能力，保证建筑智能化系统的正常运行，避免投资浪费。

（三）运行维护能力

足够强的运行维护能力对智能建筑的可靠运行、良性发展至关重要。实际发生的智能化系统功能越用越少，甚至最终导致智能化系统废弃，很重要的一部分原因是运行维护能力不足、维护保养不力。因此，需要切实提高运行维护能力，规范运行维护管理，保障建筑智能化系统的良好运行，促进智能建筑的可持续发展。

三、发展愿景

通过新技术、产品的开发，智能建筑建设机制的完善，智能建筑的运行维护管理的规范，智能建筑的建设水平、运行水平将会日渐提高，智能建筑也必将走上良性发展的健康之路。将来，健康合理的智能建筑应具有以下特点：

（1）智能建筑应是节能建筑、绿色环保建筑。智能化系统的智能功能有助于实现靠人力难以实现的节能控制，为国家节能减排目标的实现作出应有的贡献。智能建筑应实现以下节能功效：智能建筑应该实现根据用户是否在室内而进行相应的空调、照明的智能控制，自动实现人走关灯、关空调，避免浪费；智能建筑应该实现根据室外气象条件，自动改变室外新风导入量，实现利用凉爽新风免费供冷的节能控制；智能建筑应能根据空调系统的运行状况，自动调节冷冻水供水温度、冷却水供水温度、冷冻水与冷却水循环水量等，实现空调系统的优化节能控制；智能建筑应能根据照明需求自动调节遮阳设备，实现在尽量利用自然光照明的同时尽量减少空调冷负荷的优化节能控制；智能建筑应该能够根据建筑内的人员分布，优化电梯控制，实现电梯节能；智能建筑应该能够响应智能电网，控制建筑内的能源利用，实现能源的移峰填谷，优化能源利用。

（2）智能建筑应是健康舒适的建筑。智能建筑节能功效的实现不应建立在牺牲室内健康性、舒适性的基础上。相反，智能建筑应该是健康建筑，通过监测室内污染物浓度进行相应的调节控制，保证室内环境的健康，避免头晕、口感、眼睛干涩等建筑综合征的发生。智能建筑应该是舒适的建筑，能够根据不同建筑用户的不同需求，将室内温度调节到舒适的水平，避免过冷、过热。

（3）智能建筑应是安全的建筑。智能建筑应该能够根据建筑内的人员分布，在发生火灾、地震等情况而需要紧急疏散时，优化疏散路径，实现最短时间的疏散，保障建筑内人员的生命安全。智能建筑应该能够智能判断火灾发生的危险，自动防范火灾发生风险，或者在有火灾时自动消灭火源。智能建筑应该能够自动防范非法入侵，保障建筑财产安全。

（4）智能建筑应是高效的建筑。智能建筑应该为办公、通信、交流提供便利条件，使办公变得方便，提高工作效率。智能建筑应能根据人员分布，自动优化建筑内的水平及垂直交通，实现建筑内的高效交通引导。

（5）智能建筑应是与最新技术保持同步的建筑。最新的信息技术、电子技术能够为建筑智能化系统提供新的技术解决方案，能够帮助建筑智能化系统实现原来技术无法实现的功能。因此，智能建筑应该及时、充分利用最新的信息电子技术，与最新的技术前沿保持同步。

（6）智能建筑市场应是良性可持续发展的市场。每一栋智能建筑都应该根据其对智能化系统的实际功能需求量身定制，不能有不需要的过度配置与投资。每一栋智能建筑都应该得到良好的设计、施工、调试、运行维护，保证充分发挥其应有的功能。智能化产品生产商的售后服务应该是及时、有效的，确保智能化产品在出故障时能得到及时的维修。智能建筑的市场应该是成熟稳定的，不应随城镇化的浪潮、智能城市建设的契机而过度建设，每一栋智能建筑都应该根据需要建设，每一项智能化系统的功能都应该切实实现，智能建筑不应成为没有实际功能、徒有虚名的空头招牌。

第4章

iCity

我国智能建筑与家居
建设与推进的总体战略

一、指导思想

智能建筑建设应以功能需求为导向，与所需要的功能匹配，投入相应的资源与人力，不要盲目求全求大，造成不必要的投资和资源的浪费。如果智能化系统只是想监测室内温度、湿度状态，则可以以较低的投资、较短的工期、较方便的技术手段来实现。例如，安装无线温湿度传感器网络，不仅布线等施工工作量小，对用户使用的影响小，也可以以较少的投资来实现。如果对智能化系统所提供的功能有较高的需求，则需要有足够多的投入、完善的建设流程和严格的运行维护管理。在项目建设初期的规划阶段，要理性确定目标，不能盲目拔高，在建设过程中要严格按照确定好的目标执行，避免虎头蛇尾。

二、战略定位

智能建筑发展战略的定位与国家节能减排的大政方针一致。伴随着地球上化石能源的日趋枯竭，以及全球变暖及其引起的异常气候的频繁发生，世界各国均越来越重视节能减排的研究与实施。1997 年，《联合国气候变化框架公约》的缔约国签订了《京都议定书》，约定 2008—2012 年承诺期内温室气体的全部排放量在 1990 年的水平上至少减 5%（联合国，1998）。在 2009 年 12 月于丹麦哥本哈根召开的第 15 次缔约国会议上，作为对《京都议定书》的延续，各缔约国都对各自的节能减排量做出了承诺。我国也郑重承诺：到 2020 年，单位国民生产总值（GDP）的温室气体排放量比 2005 年减少 40%~50%（国家发改委应对气候变化司，2010）。建筑领域的能源消耗，在人类生活、生产过程中所占的比例很大。世界能源组织（IEA）的下属组织建筑与

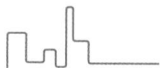

社区用能（ECBCS）指出用于建筑采暖、空调、设备运行和电器的能耗占世界上总能耗的1/3左右，相当于整个交通领域的能耗（IEA EBC，2016）。我国的建筑能耗也占到商品能总能耗的20%~30%（清华大学建筑节能研究中心，2008）。因此，建筑领域的节能成为世界各国研究、关注的焦点问题之一。建筑智能化系统与建筑的低碳、节能、绿色、环保等需求是相吻合的，因为建筑智能化系统可以随时监测室内、室外环境参数，并根据室内、室外环境参数随时调节环境控制设备的运行状态，随时实现舒适的室内环境，并保证设备运行在高效状态，可以比人工控制更精细、及时、准确，可以实现更高的能效和更低的能耗。据测算，智能化系统与没有智能控制的系统相比，可以节能22%~30%（Vijaykumar，2011）。智能建筑建设的发展战略要切实保障智能建筑的节能功效得以发挥。此外，智能建筑建设还要定位于改善管理、提高工效、提高用户体验和满意度，不能只是一个建筑物等级的标签，而没有实现任何实际功效。

三、战略目标

智能建筑建设针对新建建筑和已有建筑分为两个战略目标：第一，对于新建建筑，根据完善后的政策、法规、规范，按照合理的建设流程，解决智能建筑的设计、配置、施工、调试和运行各阶段彼此脱节的问题，确保新建智能建筑能够实现其预想功能，发挥改善管理、提高功效、提高服务水平的功效，实现建筑节能的目标。第二，对于已有智能建筑，进行智能化系统的功能调试和完善，实现智能化系统应有的功能，并加强运行维护管理，保障智能化系统的健康运行。

四、战略任务

为实现上述战略目标，需要完成下述三个战略任务：

（一）新智能化技术体系开发

建立新的智能建筑技术体系，改变智能建筑领域技术与实际工程应用脱节的现状。信息技术、电子技术的迅速发展使得计算速度快、处理能力强的芯片等硬件产品成本降低很多，这使得无线传感器网络、分布计算等 IT 领域的先进技术在智能控制领域的广泛应用成为可能。利用无线传感器网络，可以大大减少施工工作量，比有线网络能够节省成本，而且非常适合已有建筑的改造施工，可以实现不停工停产进行改造。将无线传感器网络、分布式计算技术应用到智能化系统中，还需要针对智能建筑的控制特点和功能需求进行一些特殊开发，使这些技术符合智能建筑的需求。

新的智能化技术体系，应顺应建筑发展的需求，满足我国城市发展和节能减排的需要。这需要开发一些基于新智能化技术平台的新控制算法。新控制算法需要解决已有控制问题，还需要能解决现有技术体系无法解决的控制问题，超越现有技术平台，实现更好的控制。

新智能化技术体系的开发，还有助于打破国外技术垄断，建立我国自主知识产权的智能建筑技术体系，使智能建筑成为"中国创造"战略的组成部分。目前的建筑智能化系统，特别是建筑设备监控系统（亦称楼宇自控系统）有 90% 的市场份额被国外产品占据，这一现状甚至造成建筑的智能化系统招标书中明文规定建筑设备监控系统硬件产品必须采用国外的几家厂商的产品。这一现状很不利于发展中国民族企业，要改变这一现状，最好的途径就是通过开发新的性能更好的智能化技术体系，以更强大的功能、更方便的施工、更低的成本等优势来打破国外市场垄断的局面。

（二）标准化建设机制

智能化系统在实际应用中出现问题，主要是由于智能化系统的设计、施工、调试、验收、运行的各个环节脱节，缺乏一种将功能需求贯穿各个阶段的、全生命周期的管理体制，具体表现在以下三个方面：

（1）设备专业的控制功能需求与控制系统设计脱节。设备专业对所需要的控制功能进行规定时，缺少量化描述，未提供用于控制系统设计的必要技术参数。

（2）设备专业和控制专业对控制功能需求的描述方法不一致。控制功能设计文档没有标准化的描述格式，设备专业和控制专业对功能的描述方式不同，就导致控制专业做出的控制系统与设备专业的控制需求不匹配，本该起到衔接两个专业的功能需求文档未发挥原有的作用。此外，某些功能的定义没有明确该由哪方完成，导致该功能点被忽视或双方无法统一等。

（3）功能需求与验收脱节。功能需求缺少量化的细节描述，导致验收时没有量化标准可以参照。

以上所述的各方脱节问题的原因主要是现行的智能化系统建设体制中缺少面向功能需求设计的量化的标准或规范。正因为没有标准或规范来规定该如何控制功能需求进行描述，导致功能需求不明确，进而使工程建设过程中各阶段、各工种之间的衔接出现问题，发生脱节。

所以，智能建筑建设的首要任务是需要对智能化系统的功能描述进行标准化，使之成为一种贯穿各个阶段的、全生命周期的、各专业都明白的通用语言。

（三）智能建筑运行维护管理制度与技术规范建设

好的运行维护是智能化系统正确运行、充分发挥其功效的切实保障。作为智能化系统"眼睛"的传感器，其物理特性决定了在运行过程中需要定期对其测量值进行校正，不然的话，基于不准确测量的控制必然会产生不良甚至错误的控制效果。传感器生产厂提供的平均无故障时间（Mean Time Between Failure，MTBF）是在实验室进行疲劳实验，按照下式进行计算得到的（王福林，毛焯，2012）。

$$MTBF_1 = \frac{\sum（出故障时刻－初运行时刻）}{故障次数} \tag{4.1}$$

而对于实际楼宇自控系统来说，实验室的实验环境与实际建筑中的使用环境不同，造成实际建筑中传感器的平均无故障时间与实验室的测试值有较大差别。而为了保证实际建筑的能效，需要尽可能保证每个传感器都在正常

工作，这样就不会带来不必要的能耗浪费。因此，需要根据实际建筑中传感器工作情况的调查统计结果，采用下式计算平均无故障工作时间：

$$\text{MTBF}_2 = \left(\frac{\text{出故障传感器数}}{\text{总传感器数}} \right) \times \text{工作时间} \qquad (4.2)$$

表 4.1 所示是采用两种不同方法计算的传感器平均无故障时间对比。从表中可以看出，两种计算方法得到的结果差别较大。由于式（4.2）所示的方法更适合实际建筑的使用情况，因此，传感器的建议检验校正周期如表 4.2 所示。

表 4.1　实验室实验与实际建筑调查的传感器平均无故障时间对比

	温度	湿度	CO_2	风速
MTBF_1 / 年	11.4	5.7	2.3	5.7
MTBF_2 / 年	2.2	1.7	0.5	0.5

表 4.2　实际建筑中传感器的建议检验校正周期

温度	湿度	CO_2	风速
2年	1.5年	0.5年	0.5年

同样，作为智能化系统"手脚"的执行器也需要定期检查其执行精度和是否动作，否则智能化系统就会瘫痪，无法实现其应有的功能。传感器、执行器等智能化系统的定期检查、维护保养需要建筑业主投入一定的费用才能实施下去，很多已有建筑的智能化系统之所以使用一段时间后被废弃，就是因为没有维护保养经费。要实现智能化系统的良好运行维护，需要从国家政策方面制定相应的规章制度，敦促维护保养的定期实施，促进智能建筑的运行维护水平。例如，可以对智能化系统的运行维护情况、功能发挥情况进行定期评价，评价结果与建筑的星级评定挂钩。

良好的运行维护还取决于运行维护管理人员的技术水平。目前的智能建筑运行维护管理人员的技术水平普遍不高，对智能化系统的了解肤浅，只能进行一些表层操作，对于更深层次的维护操作束手无策。这使得智能化系统的运行维护对产品生产商的依赖性高，一旦产品生产商的服务不及时，就会造成智能化系统的运行停止。为了提高智能化系统运行维护管理人员的技术水平，需要制定相关政策，加强对从事智能化系统管理的执业人员的定期培

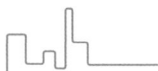

训、执业资质的审核，提高智能化系统运行维护管理人员的整体技术水平。

此外，还需要完善相关政策规定，加强对智能化系统相关产品质量的管理以及产品售后服务的完善。很多智能化系统相关产品，如周界红外报警传感器、视频监控线缆等，产品寿命不够长，虽然在两年保修期内基本能够不出故障，但使用两三年后，陆陆续续开始出现故障，维修或者更换的费用使得很多建筑业主选择了放弃维修，最终导致智能化系统的废弃。因此，需要完善产品质量管理的相关政策，适当延长产品老化引起故障的保修期，为智能化系统的长时间良好运行提供保障。同时，还需要加强对产品售后服务的管理，细化相关管理法规，令出故障的产品，无论是在保修期内还是保修期外，都能得到及时的维修，不能使智能化系统长期停止使用。

第5章

iCity　我国智能建筑与家居的
重点建设内容

智能建筑与家居的建设，以"顶层设计、市场主导、注重实效、加强管理"为原则，以功能需求为导向，旨在建设能够真正实现保障安全、加强管理、提高工效、节约能源的建筑智能化系统。应建立新的智能建筑技术体系与管理体系，改变智能建筑领域技术与实际工程应用脱节的现状；顺应建筑发展的需求，使建筑智能化满足我国城市发展和节能减排的需要；建立我国自主知识产权的智能建筑技术体系，打破国外技术垄断，使智能建筑成为"中国创造"战略的组成部分。重点建设内容建议是：

　　1．智能建筑（针对公共建筑）

　　（1）建立贯穿全生命周期的智能化系统建设与管理机制，建立智能建筑产品及数据标准，实现与智能城市系统的无缝链接。

　　（2）开发与推广应用具有自主知识产权的先进智能建筑系统，例如基于无中心分布式计算技术的楼宇自控系统。

　　2．智能家居与社区（针对住宅建筑）

　　（1）建立智能家居与社区产品与数据标准，实现产品兼容以及与智能城市系统的无缝链接。

　　（2）建立智能家居与社区技术导则，引导智能家居与社区产品开发与应用的高实效性发展。

　　重点建设内容主要包括三方面的内容：新智能化技术的开发、智能建筑建设机制的建设、运行维护管理的规范化。

一、新智能化技术的开发

　　基于无线传感器网络和分布式计算的新智能化体系开发是智能建筑建设的重要内容。需要开发的技术包括以下三个方面：

　　（1）用于建筑环境控制的高效无线传感器网络开发。建筑环境控制的特点是数据传递频繁（每秒一次的数量级），一次传递的数据长度为一两个浮点数，长度较短。这种数据传输特点

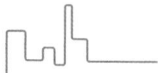

与互联网的低频率、数兆字节的长数据传输特点完全不同，现有的数据传输协议无法适用或者数据传输效率太低。因此，需要开发适用于建筑环境控制的高效无线传感器网络的数据传输协议。

（2）基于分布式算法的建筑环境控制策略开发。随着物联网技术的发展，将来智能建筑的每个信息点都将成为一个智能点，具有一定的运算能力，如果把每个信息点的运算能力利用起来，基于分布式计算的方法，可以实现传统中央控制方法无法实现的功能，解决传统中央控制系统无法解决的问题。

（3）智能化人机交互方式研究。现有的室内环境控制人机交互界面，大多采用房间用户输入温度设定值的方式。因此，需要开发一种用房间用户舒适感来取代环境参数设定值的控制理念的智能人机界面，实现更舒适、更节能的建筑环境控制。

二、智能建筑建设机制的建设

智能建筑建设机制的完善，需要从建设初始的项目规划阶段开始，历经设计、招标、施工、调试、检测、验收、运行维护的全生命周期，为智能化系统性能的发挥提供保障。

（一）项目规划阶段

智能建筑的概念与想法在20世纪80年代初在国际上被提出之后，经过三十多年发发展，建筑智能化系统已经得到了较为广泛的应用。为了实现办公事务的智能化、高效率，建筑智能化系统首先被应用于办公写字楼中；而为了进一步满足建筑运行维护管理、节能等方面的需要，智能化系统也被越来越多地运用到如酒店、博物馆等大型公共建筑当中；而智能化系统在日常家居、社区管理中带来的便利也使其逐步走入了住宅与社区中。可以说，智能化系统已经成为现代建筑的标准化配置。

一套运行良好的智能化系统往往能够为建筑的运行维护管理带来便利，

例如减少人员工作量、起到节能效果等，同时也在提高人员工作效率、提升建筑形象等方面有所帮助。但是，目前的建筑智能化系统普遍存在传感器等设备易损、系统运行维护成本高等问题，使得建筑的运行状况远远低于预期；并且控制设备、控制策略等的缺陷，导致在节能、环保方面的效果不甚理想。因此，需要对建筑智能化系统进行合理评估以分析其表现和价值，为建筑建设项目的投资决策提供科学依据，避免"拍脑袋决策"。

常见的对智能建筑的评价，多着重于对智能建筑的各个系统和功能（如空调系统、自动化系统、消防安防系统等）需求的分析（Wong and Li，2006；Wong and Li，2008；Wong and Li，2010），或是对评价智能建筑表现的指标（如系统稳定性、可用性、智能化程度、能耗指标、环境友好程度等）的选取（Alwaer and Clements-Croome，2010；Chen，et al，2006；Wong，2008）。在这些研究中，多采用层次分析法（Analytical Hierarchy Process，AHP）（Alwaer and Clements-Croome，2010；Chen，et al，2006；Wong and Li，2006；Wong and Li，2010；Wong，et al，2008）对智能建筑的各项功能、各个评价指标进行比较，从而选出相对重要性较高的功能或指标，为智能建筑的设计建造或后期评估中所需要着重的方面提供参考。但是，这些研究多在定性层面来评估智能建筑，而本书希望通过一种定量的方法得出智能化系统的投资与收益值，以分析智能化系统的利弊所在。

对某一工程项目的投资收益评估，往往采用全生命周期分析的思路，因为其涉及的项目阶段较为全面，充分考虑某项目从设计到后期管理的各项投入和产出，如文献（Gluch and Baumann，2004）中采用全生命周期法分析建筑的环境成本，文献（Keel，2003）中利用全生命周期法比较不同集成程度的智能建筑的生命周期成本。而在计算方法上，净现值法可将某项目在计算周期年限内的资金流折算到当前，若净现值为正，则认为该项目值得投资（Wong，et al，2005）。全生命周期法和净现值法相结合，能够估算智能化系统在设计、安装、运行、维护等过程中产生的资金流，从而得出一定量的结果。

本书主要通过对建筑智能化系统的初始投资及运行维护过程中各项有形与无形的投入和回报的分析，建立一种智能建筑投资效益评估的方法，其

中重点为智能化系统带来的无形收益的定量分析，并通过实际案例考察提出的评估方法的可行性。建筑智能化系统所实现的功能可以分为三个层次：监测、远程动作、自动调节。在项目规划阶段，需要根据实际的使用需求，确定智能化系统实现哪个层次的功能。例如只有监测需求时，就不必建设远程动作、自动调节的设备和系统。这样可以避免不必要的投资。

为了帮助智能建筑投资方进行决策，本书提出一种建筑智能化系统投资效益分析的方法，运用生命周期成本分析的思路，考虑智能化系统的设计、安装、运行、维护等过程，使用净现值（NPV）法的计算方法［见式（5.1）］（Wong, et al, 2005），通过 NPV 值来表征智能化系统的投资效益，NPV 为正值表示智能化系统有收益，值得投资。

$$\text{NPV} = \sum_{t=1}^{N} \frac{F_t}{(1+y)^t} - C_0 \qquad (5.1)$$

式中：F_t 为第 t 年智能化系统带来的净现金流量，即该年智能化系统带来的有形、无形收益之和与支出的差；N 为计算周期年限；C_0 为智能化系统的初投资成本；y 为折现率，反映未来资金流折现到现在的比率。

对于折现率 y 的确定，参考常用的折现率计算方式（高建来，2009），均包括无风险报酬率和风险报酬率两方面。对于智能化系统的投资来说，存在的风险是很小的，所以在确定 y 值时，可以只考虑无风险报酬率，即可以采用银行利率作为本书计算中的折现率。

其中，净现金流量需要较全面地考虑系统在设计、安装、运行、维护等各个过程中有形及无形的资金流入与流出。

1. 有形的收益与支出

（1）初投资（支出）：包括智能化系统的设计、安装等过程产生的费用。根据参考文献（上海申银万国证券研究所有限公司，2009），公共建筑的智能化系统投资为 $100\sim300$ 元 $/\text{m}^2$，而居住小区的智能化系统投资约为 50 元 $/\text{m}^2$。笔者所调研的三栋建筑的智能化系统的初投资如表 5.1 所示。

表 5.1 智能化系统初投资

建筑类型	建筑面积 / (×10⁴m²)	智能化系统初投资金额 / 万元	单位面积智能化系统初投资金额 / (元 / m²)
某办公楼	5.7	1 925	338
某大型会议中心	5.9	2 500	424
某写字楼	5.9	1 940	329

（2）系统维护费用（支出）：按照各子系统维护检修的年平均费用及相应的子系统点数，可以估算智能化系统每年的维护费用。建筑智能化系统所采用的产品不同，维护费用也不同。作为参考，某建筑的各主要子系统的维护费用如表 5.2 所示。

表 5.2 智能化系统维护费用

子系统类型	年平均维护费用 / ［ 元 / 点（或套）］
视频监控系统	180
门禁系统	500
巡更系统	100
可视对讲系统	30
停车场管理系统	6 000
楼宇自控系统	200
消防智能化系统	65

（3）减少管理人员数量（收益）：安装智能化系统后，能够减少楼内空调、照明、电梯等强电设备管理人员，以及保安等人员。可按年薪估算智能化系统带来的劳动力成本收益。

（4）降低或增加建筑能耗（收益或支出）：我国大型公共建筑的用电量约为 100~300（kW·h）/（m²·年）（江亿，2005），而若安装建筑自动化系统并对之进行设备、控制策略等的优化，可以起到一定的节能效果。

但是目前的建筑智能化系统普遍存在的问题使其并未带来预想的节能效果，反而由于控制策略不当，传感器、执行器等设备损坏等，导致能耗增加。如某智能建筑中湿度传感器故障引起的空调系统新风负荷偏大，使得系

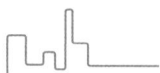

统能耗增加了 20%（王福林，毛焯，2012）。由于智能化系统在实际运行过程中状况较为复杂，具体是节能还是耗能，需要根据运行维护投入决定。

（5）降低火灾保险费用（收益）：根据文献（李引擎，等，1997），以安装消防智能化系统为标准，各类型建筑存在基本的火灾保险费率（公共建筑为 4‰，住宅建筑为 0.4‰）。若未安装某消防智能化设备，则需在基本保险费率的基础上参考表 5.3 所示各类设备的权重上调火灾保险费。换句话说，安装消防智能化系统能够使每年火灾保险费用少交 10%~20%。

表 5.3　消防智能化设备所占权重

智能设备	权重 / %
火灾探测器	3.6
自动灭火装置	14.4
疏散系统	1.8
诱导系统	1.8

按照上述各项参考数据，并结合实际建筑及其智能化系统的情况，便可估算智能化系统带来的有形支出和收益。

2. 无形的收益与支出

智能化系统除了能使人力成本、能耗等降低，为建筑带来有形的收益以外，它能创造的无形价值也是不可忽视的。然而为了得到资金流的数值以分析智能化系统的投资效益关系，就需要将这些无形收益量化。笔者提出了一系列无形收益的评价指标，并通过分析这些指标对于无形收益贡献的权重，建立了初步的智能化系统无形收益的量化方法。

结合智能化系统的实际情况，选出智能化系统能够带给建筑收益的 7 项无形收益的评价指标（以 U1~U7 表示）。

（1）雇员：提高员工工作效率（U1）。

（2）品牌：提高广告宣传效果（U2）；提高出租、售房率（U3）。

（3）服务：为用户提供某项服务时，用户需要等待一段时间，智能化系统能够缩短这一时间（U4）；提高客户对服务的满意程度（U5）。

（4）环境：提高建筑或企业对生存环境的适应能力（U6）；改善建筑或企业的形象（U7）。

上述这 7 项指标能够基本涵盖智能化系统有利于建筑或企业的主要方面，将其进行一定的量化分析便能得出无形收益具体数值的估测结果。

通过打分方式（李洪江，2002）来评价这些指标的无形收益大小，实现指标的量化。对每项指标的评价分为两步，比如对于"提高员工工作效率"这一指标，第一步："如果安装智能化系统，您认为能否提高员工的工作效率？"用"能""否"和"不适用"评价（若选"不适用"则该指标不参与下述计算过程）。若评价是"能"，进行第二步评价标准："如果能提高员工工作效率，您认为安装智能化系统与不安装相比会有何种程度的改善？"有"高、较高、一般、较低"四级评价标准。对应每级评价标准，给予 0~1 的分值来表示该指标对无形收益贡献度的大小。对每个指标的评价分值定义如表 5.4 所示。这样，针对每个指标都能分别得到一评价得分 r_i（i=1，2，…，7），构成所有指标的评价向量 $\boldsymbol{R}=[r_1, r_2, …, r_7]$。

表 5.4　评价分值定义

评价标准	评价指数
高	0.20
较高	0.15
一般	0.10
较低	0.05

确定各项指标各自的收益大小后，还需要在各指标之间进行权重优先度的比较，从而确定每项指标对于无形收益的相对贡献程度。层次分析法（王同律，汪海粟，2000）是一种常用的定量分析工具，其中对于多个因素之间两两比较的方法可以用于智能建筑无形收益的指标权重判断。具体的评估步骤如下所示。

（1）构造两两比较矩阵：在与目标有关的下一层的所有因素之间进行两两比较，构造一个 $n \times n$ 的矩阵。在本书中，n=7，即构造出与无形收益有关的 U1~U7 这七个元素之间两两比较的矩阵，如表 5.5 所示。

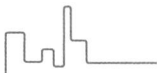

表 5.5　两两比较矩阵

智能建筑无形收益	U1	U2	⋯	U7
U1	1	u_{12}	⋯	u_{17}
U2	u_{21}	1	⋯	u_{27}
⋮	⋮	⋮	⋮	⋮
U7	u_{71}	u_{72}	⋯	1

通过矩阵中 u_{ij}（$i, j=1, 2, \cdots, 7$）的值的打分法确定各指标对无形收益的贡献程度。层次分析法对比较判断尺度的定义如表 5.6 所示。通过打分的形式，评价者可根据实际情况和自己的经验，根据表 5.6 判断各指标对无形收益的相对贡献程度大小。

表 5.6　比较判断尺度及其含义

比较判断尺度	尺度含义
1	两指标对无形收益的贡献相同
3	一个指标比另一指标对无形收益的贡献稍大
5	一个指标比另一指标对无形收益的贡献明显大
7	一个指标比另一指标对无形收益的贡献强烈大
9	一个指标比另一指标对无形收益的贡献极端大
2、4、6、8	介于上述相邻判断尺度间的插值

（2）权重排序和一致性检验：回收问卷表格后，对采集到的 u_{ij}（$i, j=1, 2, \cdots, 7; i < j$）值进行平均处理，并用相应倒数完整矩阵的下三角部分，得到矩阵 U，计算第 i 行的乘积 M_i，并求 n 次方根 V_i（$n=7$），即

$$V_i = M_i^{1/n} = (\prod_{j=1}^{n} u_{ij})^{1/n} \tag{5.2}$$

然后，归一化，得到各指标的权重，即

$$w_i = \frac{V_i}{\sum_{k=1}^{n} V_k} \tag{5.3}$$

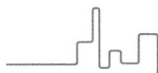

从而可以得到表示各指标对于无形收益贡献的权重向量 $\boldsymbol{W}=[w_1,\ w_2,\ \cdots,\ w_7]$。

由于上述对各项指标相对贡献大小的评判是基于主观判断的，故需要检验是否出现类似指标 A 优于 B、B 优于 C、而 C 又优于 A 这样的矛盾情况。检验可以采取下述的方法进行。

首先，计算比较矩阵 $\boldsymbol{U}$ 的最大特征根：

$$\lambda_{\max} = \sum_{i=1}^{n} \frac{\sum_{j=1}^{n}\left(u_{ij}\cdot w_j\right)}{n\cdot w_i} \tag{5.4}$$

其次，计算一致性指标 CI：

$$CI = \frac{\lambda_{\max} - n}{n-1} \tag{5.5}$$

最后，根据矩阵阶数 n，由表 5.7 得到平均随机一致性指标 RI，并由 CI 和 RI 计算一致性比率 CR：

$$CR = \frac{CI}{RI} \tag{5.6}$$

表 5.7　平均随机一致性指标

n	3	4	5	6	7	8	9
RI	0.58	0.90	1.12	1.24	1.32	1.41	1.45

若计算出 CR < 0.1，可认为比较矩阵 $\boldsymbol{U}$ 有较好的一致性，得到的权重向量 $\boldsymbol{W}$ 可以被接受。

结合上文所述的指标评价向量 $\boldsymbol{R}$，就能得到一综合的无形收益系数 δ（见式 5.7），该值可反映无形收益在总收益中所占的比重大小。

$$\delta = \boldsymbol{W}\cdot\boldsymbol{R}^T \tag{5.7}$$

利用上述方法，可以得到建筑智能化系统的费用和效益的量化数值，利用式（5.1）就可以计算出建筑智能化系统在全生命周期的费用效益折算到当前的净收益总净现值，令建筑业主对智能化系统带来的投资收益有一较为清晰的认识和比较，为其提供建筑智能化系统的投资决策依据。

3．举例

下面通过案例来说明智能建筑投资收益估算的具体过程。

通过问卷调查的方式，向建筑的相关负责人了解计算所需的基本数据，并按照上文所述内容从受调查者处收集有关指标量化的信息。本书针对三栋公共建筑进行了案例分析，包括一栋出租用办公楼、一栋大型商业中心和一栋自用办公楼。三栋建筑的基本信息如表 5.8 所示。

表 5.8　调研的建筑的基本信息

建筑类型	出租用办公楼	大型商业中心	自用办公楼
地理位置	北京海淀区	北京朝阳区	北京西城区
建筑面积 /（$\times 10^4 \mathrm{m}^2$）	5.6	30.5	14.0
智能化系统总规模 / 点	约 5 600	约 25 000	约 10 000

由于本书的主要目的是为验证所提出的投资效益评估方法的可行性，笔者仅向三栋建筑的智能化系统管理工程师分别发放了一份问卷，问卷调查中对各项无形收益指标的主观评价结果并不具有通用性。

下文以出租用办公楼为例，详细说明各分项的投资效益。

（1）初投资：该办公楼总面积为 $5.6 \times 10^4 \mathrm{m}^2$，按智能化系统投资费用 300 元 /$\mathrm{m}^2$ 计算，总初投资约为 1 680 万元。

（2）系统维护费用：结合问卷调查得到的各系统点数及表 5.2 的数据，计算智能化系统每年的维护费用为 80.84 万元，如表 5.9 所示。

表 5.9　案例分析：智能化系统维护费用

子系统类型	子系统规模/ ［点（或套）］	年平均维护费用/ ［元 / 点（或套）］	年维护费用 / 万元
视频监控系统	188	500	9.40
门禁系统	34	1 200	4.08
巡更系统	56	100	0.56
停车场管理系统	15	6 000	9.00
楼宇自控系统	1 738	200	34.76
消防智能化系统	3 544	65	23.04
总计			80.84

（3）降低能耗费用：在此先考虑智能化系统带来的能耗收益，能耗损失的情形将在后续段落中进行对比。该办公楼能耗数据为 79.5（kW·h）/（m²·年），按北京市平均商业电价约 1.09 元 /（kW·h）[建筑使用时间段内，峰值为 1.293 元 /（kW·h），占 8h；平段为 0.821 元 /（kW·h），占6h]、节能量 6% 估算，智能化系统能令能耗费用节省约 29.3 万元。

（4）降低劳动力成本：估计智能化系统的安装能够减少强电管理及保安人员共 10 人，按每人年薪 5 万元计算，能够节省劳动力成本约 50 为万元。

（5）降低火灾保险费用：调查中得到该建筑火灾投保金额为 9 000 万元，目前每年交纳火灾保险费用 36 万元，若未安装消防智能化系统，保险费用约为 40.5 万元，即需要多交纳 12.5% 的火灾保险费用。这一结果与前文所述的火灾保险费用计算基本一致。

（6）无形收益计算：由问卷得到，该建筑智能化系统无形收益各指标的评价向量 R=[0.20，0.15，0.20，0.20，0.20，0.15]，然后通过问卷所得的两两比较矩阵的上三角部分将矩阵填写完整，得到两两比较矩阵 U 如表5.10 所示。

表5.10　案例分析：两两比较矩阵

无形收益	U1	U2	U3	U4	U5	U6
U1	1	4	2	2	6	7
U2	1/4	1	1	1/2	6	2
U3	1/2	1	1	5	4	3
U4	1/2	2	1/5	1	5	4
U5	1/6	1/6	1/4	1/5	1	2
U6	1/7	1/2	1/3	1/4	1/2	1

按照上文所述步骤，首先计算上述矩阵每一行的积，并利用式（5.2）分别求 6 次方根，然后利用式（5.3）对得到的值进行归一化处理，得到该案例中 6 项指标的权重向量为 W=[0.379，0.137，0.226，0.161，0.048，0.049]。

同时必须进行一致性检验。由式（5.4）计算得该矩阵的最大特征根

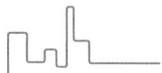

λ_{max}=6.568，从而可由式（5.5）计算一致性指标 CI=0.114；查表 5.7，当 n=6 时，平均随机一致性指标 RI=1.24，从而由式（5.6）得到一致性比率 CR=0.092＜0.1，表明可以接受该权重向量。

通过式（5.7）可以得到针对该出租用办公楼智能化系统的综合无形收益系数 $\delta = \boldsymbol{W} \cdot \boldsymbol{R}^T$=0.191。

由于该办公楼作出租用，可用租金收益作为估算智能化系统带来的无形收益的基础。该办公楼出租面积为 $4.68 \times 10^4 \mathrm{m}^2$，租金为 310 元 /（$\mathrm{m}^2$·月），则每年通过出租得到的租金销售额为 17 409.6 万元。按照房地产行业净利润率 12% 计算，那么该办公楼的智能化系统能够带来的无形收益约为 0.191×12%× 17 409.6 万元＝399.0 万元。

综合上述各项收益和支出（不包含初投资），可得智能化系统为该办公楼带来的净现金流量 =402.0 万元。通过式（5.1）计算智能化系统带来的净现值，其中取 n=10，x 取为该楼智能化系统投入使用年份的一年定期存款利率 3.5%，则净现值 NPV=［402.0÷（1+0.035）+…+ 402.0÷（1+0.035）^{10}］万元 −1 680 万元 =1 663.3 万元，最后计算单位面积净现值为 297.0 元 /m^2。

运用类似的方法，可计算另两栋建筑智能化系统带来的各项收益和支出。结果汇总于表 5.11。

表 5.11　智能化系统投资效益案例分析汇总

建筑类型	出租用办公楼	大型商业中心	自用办公楼
系统维护费用 /（万元 / 年）	80.8	502.1	198.9
降低能耗费用 /（万元 / 年）	29.3	199.5	73.2
降低劳动力成本 /（万元 / 年）	50	100	60
降低火灾保险费用 /（万元 / 年）	4.5	—	—
有形收益 /（万元 / 年）	83.8	299.5	133.2
无形收益系数	0.191	0.142	0.097
销售额 /（万元 / 年）	17 409.6	60 968.3	49 680
无形收益 /（万元 / 年）	399.0	1 037.1	576.0
净现金流 /（万元 / 年）	402.0	834.5	510.3

建筑类型	出租用办公楼	大型商业中心	自用办公楼
智能化系统初投资 / 万元	1 680	6 100	3 500
净现值 / 万元	1 663.3	840.0	744.1
单位面积净现值 / (元 /m²)	297.0	27.5	53.2

注：①商业中心和自用办公楼的火灾保险数据未能获得，但从出租用办公楼的数值来看，该部分收益所占比例很小，对结果影响不大
②自用办公楼的销售额参考周边地段办公楼租金进行计算

从表 5.11 可以看出，三个案例计算得到的净现值均为正，即这三栋建筑的智能化系统创造了一定收益。但上述计算结果是基于智能化系统能够带来节能收益而考虑的，如果认为智能化系统运行不佳，使得建筑能耗有所提升，则计算结果如表 5.12 所示。

表 5.12　考虑能耗增加的投资效益分析

建筑类型	出租用办公楼	大型商业中心	自用办公楼
增加能耗费用 / (万元 / 年)	19.5	133.0	48.8
净现金流 / (万元 / 年)	352.6	502.0	388.2
净现值 /万元	1 240.0	−1 924.9	−271.2
单位面积净现值 / (元 /m²)	219.9	−63.1	−19.4

可见，当考虑智能化系统不良运行状况带来的仅 4% 的能耗增加时，大型商业中心和自用办公楼案例建筑的净现值便出现了小于零的情况，即说明运行不佳的智能化系统会使得建筑的净收益为负值。鉴于目前的智能建筑均存在较多问题，其为建筑带来的能耗费用增加可能也将高于本书所估计数值。可以预见的是，若不改进当前智能建筑行业中的缺陷，将对各个建筑、企业甚至整个智能建筑行业带来巨大的损失。

同时，上述对智能化系统各项收益和支出的计算过程表明，本书提出的智能建筑投资效益评估方法具有一定的可行性。上述方法可用于对已投入运行的智能建筑进行评估，也可为建筑业主对建筑智能化系统的投资提供科学的决策依据。

（二）设计阶段

应根据对建筑智能化系统的建设层次的需求，设计相应的智能化系统。针对每类功能定义标准化的描述方法，作为设计、施工、调试、验收、运行维护等各阶段通用的语言，进行功能信息的传递。例如，可以设计标准化的表格，在表格中定义各项功能对测量精度、系统响应时间、数据记录间隔等功能的量化描述，并对相关名词进行详细的说明。标准化功能设计描述方法旨在容易被业主、设备工程师等非控制专业人士理解，同时作为交接文档，又能清晰、定量地给控制专业工程师提供控制系统设计依据，另外，该功能描述文档给工程的调试验收提供了明确、量化的具体的依据，也给运行维护管理人员提供了运行依据。因此，标准化的功能描述文档起到了衔接工程中不同专业、不同阶段的作用，避免脱节问题的发生。本书对标准化的功能描述方法进行了定义，将楼宇自控系统的功能按照从初级到高级的顺序分为五大类：监测、安全保护、远程动作、自动启停、自动调节。针对每一类功能，采用标准化的格式，进行清晰明确的定义。下面以监测、远程动作、自动调节三项功能为例，说明如何进行标准化的功能描述。

1. 监测功能标准化描述

监测功能表中的监测对象包括热湿环境参数、机电设备状态、手自动等运行方式、满足管理需要的分项能源、资源消耗量等；同时定量清晰地描述各监测点的测点位置、数据采样方式、数据信息、显示位置和允许延时量。

以温度监测功能为例的标准化描述格式如表 5.13 所示。

表 5.13　监测功能

信息点	安装位置	采样方式		数据			显示位置	允许延时	记录	
		周期性/数变	类型	取值范围	测量精度	状态说明			记录周期	保存时长
室温	西墙处离地1.2m	2s	连续	0~50℃	0.2℃	—	管理员显示屏	2s	10min	2年

监测功能标准化描述起到对后续设计、施工、验收等工程阶段的明确指导作用。如数据相关信息指导传感器和执行器选型；安装位置指导传感器和执行器的安装，同时避免因测点选取不当导致测量结果不反映真实情况；允许延时则是对通信速率的间接引导。

2．远程动作功能标准化描述

远程动作功能描述的内容包括通过建筑设备监控系统修改的各类设定值、设备运行状态等，并说明对各参数进行操作时的操作位置、操作源、控制的优先级和允许延时量。

以灯的控制为例，其运动操作功能标准化描述如表 5.14 所示。

表 5.14　远程动作功能

对象参数	操作位置	操作源	优先级	允许延时
灯L1的状态	1#灯开关面板	用户	1	2s
	中央监控界面	管理人员	2	2s
	DDC	灯的自动控制程序	3	2s

远程动作功能标准化描述包括手自动、远程和现场操作；操作位置与操作源一一对应，当同一对象可受多方控制时，明确操作优先顺序，清晰明了地描述各种操作功能需求。

3．自动调节功能标准化描述

自动调节功能主要描述各机电设备或环境参数的自动调节策略，分为自动调节用信息点表和自动调节功能表两部分。自动调节用信息点表中描述策略中的输入输出，以及预设信息点，包括各信息点的采样方式、数据精度等，类似监测功能表。自动调节功能表主要描述控制策略主体，包括控制策略的名称、程序触发条件、在何种条件下执行何种动作以及预期目标等。

自动调节功能标准化描述格式分为信息点和策略描述表。以 FCU 水阀通断控制为例，其自动调节功能的描述如表 5.15 和表 5.16 所示。

表 5.15　自动调节用信息点

信息点	安装位置	采样周期	数据				允许延时
			类型	取值范围	测量精度	状态说明	
房间温度设定值	房间温控器	1s	连续量	0~40℃	—	—	1s
房间温度	房间温控器	1s	连续量	0~40℃	0.3℃	—	1s
水阀通断温度阈值	—	—	状态量	1℃	—	水阀通断温度阈值 = 房间温度 - 温度设定值	
FCU工作状态	房间温控器	1s	状态量	{0, 1, 2}	—	0: 停止 1: 制冷模式 2: 供热模式	

表 5.16　自动调节功能

控制算法名	FCU水阀通断控制							
触发条件	FCU工作状态 = 0							
动作条件	动作				目标			
	调节对象	变化方向	调节量来源	时间步长	被调参数	变化方向	调节目标	多目标间的逻辑关系
任何条件	水阀	关闭	房间温控器	—	—	—	—	—
触发条件	FCU工作状态 = 1							
动作条件	动作				目标			
	调节对象	变化方向	调节量来源	时间步长	被调参数	变化方向	调节目标	多目标间的逻辑关系
房间温度 - 温度设定值 > 水阀通断温度阈值	水阀	开启	房间温控器	—	房间温度	下降	房间温度 = 温度设定值	—
房间温度 - 温度设定值 < 水阀通断温度阈值	水阀	关闭	房间温控器	—	房间温度	上升	房间温度 = 温度设定值	—

　　自动调节用信息点表全面、清晰、系统地提供了控制策略所需的信息点。自动调节功能表的描述为控制程序的编写提供了依据。策略的动作条件、动作方向和目标对应关系明确，通过明确规范的统一描述，有助于将控制策略转化为控制程序，也有助于解决设备和控制两专业对控制策略的需求

与实现之间存在的脱节现象。

三、运行维护管理的规范化

智能建筑运行维护管理方面的建设内容包括以下四个方面：

（1）完善工程技术规范。随着我国经济水平的迅速发展，智能建筑的数量迅速增长，然而相关技术规范的建设相对滞后。现有的智能建筑相关规范主要有《智能建筑设计标准》（GB/T 50314-2015）、《智能建筑工程质量验收规范》（GB 50339-2013）、《全国住宅小区智能化系统示范工程建设要点与技术导则（试行稿）》（建设部 1999 年公布）、《建筑设备监控系统工程技术规范》（JGJ/T 334-2014），以及编制中的行业标准《智能建筑工程质量检测规程》等。已有规范在提高智能建筑的建设水平方面起到了重要作用，但还不充分，在检验验收、运行维护等方面，还需要详细的标准规范，以保障智能建筑的施工及运行质量。

（2）完善智能建筑等级评定体系，加强智能建筑的运行维护管理。目前，我国还没有对智能建筑等级进行评定的体系，迫切需要建立对建筑智能化系统实现的功能、达到的运行水平、实现的节能效果进行评定的评价体系，通过定期评估，来确保对智能化系统运行维护的经费投入，保障智能化系统良好运行。

（3）完善智能化系统运行维护管理人员的执业资历审核体系。通过执业资质的考核，提高智能化系统运行维护管理人员的技术水平，确保对智能化系统的维护管理正确、操作合理、出现故障时应对准确及时，为智能化系统的良好运行保驾护航。

（4）加强对智能化系统相关产品质量管理和售后服务管理制度的建设。产品质量是智能化系统能否正常、稳定、长期运行的关键，应通过制度建设，确保产品质量可靠、寿命足够长。对生产厂商的售后服务管理制度建设也应该加强，保障智能化系统出故障时能得到及时的技术支持。

第6章

iCity

我国智能建筑与家居的
标准化战略

从 20 世纪 90 年代至今，我国智能建筑的建设虽然发展了 20 多年，但是调研结果显示，智能建筑的运行水平并不高，多数智能建筑只停留在远程看看环境参数、设备运行状态的初级水平，究其原因，很大程度上是因为建设过程标准化程度低、可重复性差、建设管理工作量大。为了解决这一问题，提高智能建筑的运行水平、实现建筑智能化系统应有的功能、配合智能城市建设、融入智能城市的大网络，下述四个方面的智能建筑的标准化战略部署必不可缺。

一、标准化智能化系统的功能描述

智能化系统实际应用中运行水平不高的一个主要原因是智能化系统的设计、施工、调试、验收、运行的各个环节脱节，缺乏一种将功能需求贯穿各个阶段的、全生命周期的管理体制。因此，对智能化系统的功能定义进行标准化，就显得尤为重要。智能化系统功能描述的标准化，可以根据建筑智能化系统的使用功能，分为监测、安全保护、远程动作、自动启停、自动调节五个方面，分别定义标准化的描述方法，旨在使其容易被业主、设备工程师等非控制专业人士理解，同时作为交接文档，又能清晰、定量地给控制专业工程师提供控制系统设计依据，并给工程的调试验收提供明确、量化的具体依据，也为运行提供依据。因此，标准化的功能描述文档为不同专业、不同阶段的衔接起了重要作用，避免脱节问题的发生。对于智能化系统的功能描述标准化方法，在第 5 章及参考文献（王美婷，等，2012）中有详细说明，这里不再赘述。

二、智能建筑建设流程的标准化

智能建筑建设流程标准化有助于保证工程施工质量，实现智能化系统的应有功能。标准化的建筑流程应包括项目规划、设计、招投标、施工、调试、检测、验收、运行维护各个环节，将每个环节应进行的工作内容、检验标准化、与下一环节的交接内容等进行标准化定义，确保工程质量、系统性能。

在建筑建设的项目规划阶段，如果有计划在建筑中设置智能化系统，在建筑设计的任务书中应该对智能化系统的功能需求进行明确的规定，并吸收建筑设备各专业设计人员到项目规划中，根据业主对智能化系统功能的需求，进一步细化对智能化系统功能的要求，作为后续各阶段的依据。

在设计阶段，根据在规划阶段确定好的智能化系统的功能需求，对智能化系统进行设计。建筑学、暖通、给排水、变配电等各专业应采用标准化的功能描述方法，详细定义本专业对智能化系统设备配置的要求。自控专业应根据各专业的功能需求，设计、配置智能化系统，保证系统能够满足各功能需求。

施工、调试、检测、验收各阶段，根据设计阶段定义的功能需求进行施工、调试、检测、验收，做到有据可依。

在建筑建成投入使用后，设计阶段定义的功能需求也称为运行维护管理人员的运行依据，根据功能需求的定义，检查系统运行是否满足要求。

三、智能建筑数据传输协议的标准化

数据传输协议的标准化、开放化是确保建筑智能化系统兼容不同厂家的产品、正常运行的基础，同时也是建筑智能化系统网络融入城市智能化系统网络的必要条件。目前的状况是虽然存在一些开放的通用协议，如 BACNet、OPC 等，一些智能化产品也声称支持这些协议，但是由于一些经济因素，业

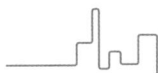

主需要支付一定的费用后智能化系统才能与这些产品进行通信、交互数据，费用问题的争议，经常造成智能化系统与有些产品无法通信，这种情况经常出现在智能化系统与冷机之间的通信上。也有很多产品，由于技术壁垒、信息保密、产品不支持开发通信协议等，智能化系统与这些产品无法通信。这些因素都制约了智能化系统的健康发展。

智能城市、智慧地球的理念，对各智能点间的数据交换提出了更高的要求。通信技术、电子产品等的迅速发展，为各智能点间的数据交换提供了新的机遇，原有协议存在不能适应新技术、新应用的地方，需要对数据传输协议的标准化进行发展和改善。

四、智能化系统产品的标准化

智能化系产品的标准化对促进市场竞争、改善产品质量、提高服务水平都起到很大的作用。目前智能化系统产品大多不兼容，购买了一个厂家的产品，后续的维修、更换工作只能依赖于这一个厂家，经常由于供货期长、维修或更换价格高等因素，影响到智能化系统的正常使用，甚至使得有些建筑业主放弃维护，最终导致智能化系统的废弃，造成痛心疾首的浪费。

为了解决这一问题，需要推进智能化产品的标准化工作，特别是一些容易出故障的产品，如温湿度传感器、周界红外报警传感器、门禁控制器等，通过产品的标准化，使得各厂商的产品能够互换，用户在产品出故障时能够及时更换出故障的部件，能够选择质优价廉的产品，这会给用户带来经济上的收益，也会促进市场竞争，有利于智能化系统产品的良性发展。

第7章

iCity

措施与建议

take a rest in the
shade of a tree

智能建筑作为智能城市的一个基本节点，提高其运行水平、充分利用最新信息化技术、促进其健康发展，对于智能城市的健康发展、打破国外市场垄断的局面、改善建筑的舒适水平、落实建筑节能的大政方针，都具有非常重要的意义。

　　为了实现这些目标，需要从鼓励新技术的应用与创新、完善智能化系统的建设机制、加强智能化系统的运行维护管理、加强智能建筑市场的管理与引导四个方面着手，引导、规范智能建筑行业创新、健康发展。

一、鼓励新技术的应用与创新

　　鼓励智能化新技术的应用与创新，不仅能顺应建筑发展的需求、满足我国城市发展和节能减排需要的体系的开发，还有助于打破国外产品对建筑智能化系统市场的垄断，建立我国自主知识产权的智能建筑技术体系，使智能建筑成为"中国创造"战略的组成部分。

　　鼓励新技术的应用与创新，主要包括对最新的信息技术、电子技术的应用，以及基于最新技术的建筑智能化产品和系统的开发。将无线传感器网络应用到建筑智能化系统中，可以减少智能化系统施工的工作量及线缆等材料用量，有助于降低成本、缩短工期，为建筑智能化系统的推广排除障碍。将物联网技术应用于建筑智能化系统中，可以提高系统的智能化水平，有助于改善建筑使用体验，促进建筑节能。分布式计算技术有助于提高建筑智能化系统的运算能力，可方便迅速地实现空调水系统控制优化、安全疏散引导优化等传统控制系统难以实现的功能。将云计算应用到建筑智能化系统中，通过海量数据发现建筑运行中存在的问题，对建筑优化运行提供建议。通过这些新技术的应用，不但可以改善现有智能化系统的性能，而且可以实现现有智能化系统无

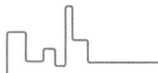

法完成的功能，实现对建筑智能化系统的创新性发展。

二、完善智能化系统的建设机制

目前建筑智能化系统存在智能化程度不高、节能高效的功能没有得到充分发挥、运行过程中逐渐被弃用等诸多问题，其主要原因是智能化系统的设计、施工、调试、验收、运行的各个环节脱节，缺乏一种有效的建设机制贯穿各个阶段，实现全生命周期的优化管理。要充分发挥建筑智能化系统的功能，避免资源浪费，促进智能建筑产业的良好发展，完善智能建筑建设机制成为非常紧迫的工作。

智能建筑建设机制的完善，需要建设一套标准化的智能建筑建设流程。标准化的建设流程从建筑项目规划阶段开始，确定好智能化系统的建设目标，在建筑设计任务书中规定好对智能化系统的功能需求。在设计阶段，根据设计任务书的要求和建筑学、暖通空调、给排水、照明、变配电等各专业的工艺需求，采用标准化的功能描述方法，详细规定智能化系统的监测功能、安全保护功能、手动操作功能、自动控制功能、记录功能。在施工、调试、检测、验收以及运行维护阶段，将这些标准化的功能设计作为各阶段对智能化系统性能进行检验的依据，确保智能化系统的运行达到项目规划阶段确定的目标。如果每栋建筑的智能化系统的建设都遵循这样一个标准化的建设流程，就可以在每一个建设阶段、每一个工作环节，确保建筑智能化系统的建设不出现纰漏，为充分发挥智能化系统的功能、实现节能高效的目标，奠定坚实的基础。

三、加强智能化系统的运行维护管理

很多建筑的智能化系统，在建成初期运行良好，但是随着运行时间的延续，智能化功能越用越少，最终导致智能化系统完全弃用。究其原因，主要是运行维护管理人员专业技术知识不足、运行维护经费预算不够或者没有、有些产品故障率高、有些产品厂商服务不及时等造成的。要改善这一局面、解决这些问题，需要从建筑智能化系统的运行维护管理制度上解决，通过制定相关管理政策，规范智能化系统的运行维护管理，确保智能化系统能够正确运行、定期维护、及时修复故障，保障智能化系统的长期良好运行。

加强智能化系统的运行维护管理，需要制定一些政策法规来规范建筑智能化系统的运行维护，包括对运行维护管理技术人员的执业资质的考核，对建筑智能化系统运行水平的定期评估，对智能化系统的产品质量、使用寿命和售后服务的管理规定的完善。

通过对运行维护管理技术人员的执业资质的考核和持证上岗制度，可以确保智能化系统由专业技术合格的人员运行维护管理，能够保障智能化系统日常运行的正确、合理。

通过建筑智能化系统运行水平的定期评估，来考核智能化系统的运行情况，与建筑等级评定挂钩，可以促使建筑业主对智能化系统的运行维护予以足够重视，从经费预算、人员配置等方面为智能化系统的良好运行提供保障。

对智能化系统产品质量、使用寿命以及售后服务的管理规定，存在一些不足，需要进行完善，除了明确产品的保修年限之外，还需要明确规定产品的使用寿命，以及产品的售后服务的及时性指标，提高智能化产品市场的售后服务水平。

四、加强智能建筑市场的管理与引导

应加强智能建筑市场的管理与引导，避免智能建筑随城镇化、智能城市发展的契机而过度膨胀，避免投资泡沫，每一份投资都应确保实现智能建筑应有的功能。每一栋智能建筑的建设规划阶段都应该根据其对智能化系统的实际功能需求量身定制，不能有过度配置与投资。每一栋智能建筑都应该得到良好的设计、施工、调试、运行维护，保证充分发挥其应有的功能。应引导建立成熟稳定的智能建筑市场，尽可能避免过度建设、不必要的建设，使每一栋智能建筑都能够根据需要建设，每一项智能化系统的功能都能够切实

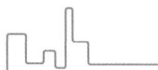

实现，智能建筑不能成为没有实际功能、徒有虚名的空头招牌。

通过上述四方面的措施，使智能建筑从项目规划阶段，到设计、施工、检测、验收的各个阶段，到最终的实际运行阶段，都有足够的技术、管理、产品等方面的保障，确保智能化系统能够良好运行，充分发挥其智能化功能、节能高效功能，建立良性可持续发展的智能建筑市场，为智能城市建设事业的健康发展，为国家节能减排、改善民生的大政方针的实施作出应有的贡献。

综上所述，智能建筑与家居建设需以"顶层设计、市场主导、注重实效、加强管理"为原则，以功能需求为导向，建设能够真正实现保障安全、加强管理、提高工效、节约能源的建筑智能化系统。为了实现这一战略目标，需要以鼓励新技术的应用与创新、完善智能化系统的建设机制、加强智能化系统的运行维护管理、加强智能建筑市场的管理与引导四个方面为落脚点，推动智能建筑行业的创新发展。通过新技术的应用与创新，建立我国自主知识产权的智能建筑技术体系，打破国外技术垄断；通过完善智能化系统的建设机制，改变智能建筑建设过程过程中各专业脱节的现状，改善工程建设质量；通过加强智能化系统的运行维护管理，提高智能建筑的运行水平，发挥智能化系统应有的安全、高效、节能、环保的功能；通过加强智能建筑市场的管理与引导，形成正确的智能建筑建设观念，避免过度配置与投资浪费。

附 录
iCity

He dragged away
the Statue of Liberty

附录1 智能建筑与家居现场调研报告

一、办公楼

（一）FZ建筑

1. 调研日期：2012年9月13日

2. 访谈对象：张科长

3. 建筑投入使用日期：1990年

4. 建筑面积：$5.5 \times 10^4 \mathrm{m}^2$

5. 建筑外观：略

6. 智能化系统构成：BA系统、FA系统、SA系统、CA系统、OA系统、信息发布系统（具体介绍见右侧二维码）

FZ建筑智能化系统二维码

7. 关于智能化系统的观点

   （1）变频器节能很多

   （2）现场维护工作量小

   （3）从2003年（开始使用山武）到现在，更换了100个左右的风量传感器，温湿度传感器没有换过

8. 关于智能化系统存在问题的原因

   FZ建筑的智能化系统的完善程度在调研的各个建筑中表现突出：一是因为在安装施工初期，各类硬件的产品质量和施工质量高，使得传感器经久耐用，减少了现场维护工作量。二是因为运行维护人员根据自身需要在系统上添加了很多新的应用，打破了生产厂家对系统的垄断，这得益于能找到高素质的技术人员。三是上级重视，管理严格，有问题必须及时处理，不得延误

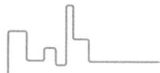

（二）GD 建筑

1. 调研日期：2012 年 11 月 2 日

2. 访谈对象：施工工程师牛工程师、彭工程师，运行维护工程师戴工程师

3. 建筑投入使用日期：2006 年建成，2009 年业主更换，进行改造，改造后于 2011 年 5 月投入使用

4. 建筑面积：$14.0 \times 10^4 m^2$

5. 建筑外观：略

6. 智能化系统构成：BA 系统、FA 系统、SA 系统、CA 系统（具体介绍见右侧二维码）

GD 建筑智能化系统二维码

7. 关于智能化系统的观点

（1）投资

楼宇自控：霍尼韦尔，200 万元；VAV 系统（含 VAV Box）：开利，600 万元

（2）对运行、节能有什么帮助？

对运行帮助很大，减少人工及工作量

（3）有什么需要改进的地方？

节能功能需要实现

（4）对智能化系统的功能有什么需求？

无其他需求

（三）SX 建筑

1. 调研日期：2012 年 9 月 4 日

2. 访谈对象：物业管理的马经理、熊工程师，BA 系统总包周工程师、邱工程师

3. 建筑投入使用日期：2011 年 9 月 30 日

4. 建筑面积：$5.7 \times 10^4 m^2$

（地上 12 层，地下 3 层，B2 和 B3 层是车库，B1 层是食堂）

5. 建筑外观：略

6. 智能化系统构成：BA 系统、FA 系统、SA 系统、CA 系统、OA 系统、一卡通系统、信息发布系统（具体介绍见右侧二维码）

SX 建筑智能化系统二维码

7. 关于智能化系统的观点

（1）投资（见附表 1.1）

附表 1.1　SX 建筑智能化系统造价

项目	金额 / 万元
总计	1 920
中央集成	139
楼宇自控	173
安防	252
综合布线	293
有线	154
一卡通	486
信息发布	250
其他	173

（2）对运行和节能有什么帮助？

节省人力，提高效率。白天安排 2 个运行维护人员，晚上 1 个

（3）有什么需要改进的地方？

要增加对技术人员的培训；部件维修的环节需要改进，需要争取经费和等待供货；维修周期长（2 000 元以上的维修需要经过业主同意），如果能和供货商签订协议，定期查看，则有问题能够及时解决；没有处理应急事故的方案

（4）对智能化系统的功能有什么需求？

新功能：对中控室的远程监控（出差时，在手机末端可以查看）；对机房的视频监控（看实际情况是否和传感器一致）；给设备编号，出故障时要自动报告是哪个设备坏了

8. 关于智能化系统存在问题的原因

（1）各方出发点：智能化系统对于物业来说很需要，性价比高，但是业主较多考虑经济性和自己的使用习惯

（2）系统设计与使用脱节：会议室原调试了很多种模式，但是为了使用方便，只使用其中的两个模式

（3）不太习惯新系统：例如，还有人通过跺脚来打开微波人体探测器控制的照明系统；设置的衣柜灯，要是柜子关不严，则灯常亮

（四）SH 建筑

1. 调研日期：2012 年 10 月 15 日

2. 访谈对象：施工工程师张工程师、运行维护工程师李工程师

3. 建筑投入使用日期：2011 年 5 月

4. 建筑面积：$5.9 \times 10^4 \text{m}^2$

5. 建筑外观：略

6. 智能化系统构成：BA 系统、FA 系统、SA 系统、CA 系统（具体介绍见右侧二维码）

SH 建筑智能化系统二维码

7. 关于智能化系统的观点

（1）投资

楼宇自控：200 万元；安防、综合布线、系统集成：1 200 万元（监控 200 万元，停车 190 万元，门禁 70 万元，系统集成 220 万元，热表 30 万元，综合布线 230 万元）；消防：800 万元

（2）对运行、节能有什么帮助？

对运行帮助大，方便管理，比较智能，减轻了劳动强度，节省了人力，三个人即可负责弱电维护

（3）有什么需要改进的地方？

界面需要改成中文

（4）对智能化系统的功能有什么需求？

无其他需求

（五）WD 建筑

1. 调研日期：2012 年 8 月 30 日

2. 访谈对象：负责弱电的苏工程师和王工程师

3. 建筑投入使用日期：2006 年

4. 建筑面积：$50.0 \times 10^4 m^2$

（其中包括 A、B、C 三栋和北区。A、B 栋分别是东、西写字楼，冷热源一体，总面积为 $15.0 \times 10^4 m^2$，是本次调研的区域；C 栋是酒店，有单独的系统）

5. 建筑外观：略

6. 智能化系统构成：BA 系统、FA 系统、SA 系统、CA 系统、OA 系统（具体介绍见右侧二维码）

WD 建筑智能化系统二维码

7. 关于智能化系统的观点

（1）对运行、节能有什么帮助？

节省人力：不用定时开设备，可以自动启停和监测；节能：如定时关灯

（2）有什么需要改进的地方？

不同厂家软件的界面不同，学习起来困难，不好操作；传感器、软件、水阀之类的产品经常坏，水阀平均一个月修一次

（3）对智能化系统的功能有什么需求？

现有功能齐全，不需要增加新功能

8. 关于智能化系统存在问题的原因

（1）各方重视程度不够：系统设计时可以监控扶梯的运行状态，但后来租户装修改造时连线被截断，各方推卸，无人维修

（2）操作人员素质不高：看不懂英文；自主学习能力不强，操作系统的能力依赖于培训；操作涉及的面太广，一个人操作难度过大；出现过操作失误后直接重启电脑的情况

（3）运行维护人员的更换：提供产品的公司只在安装完成后对当时

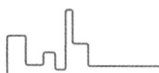

的运行维护人员进行培训，教授使用技能。但随着人员变动，在交接过程中信息损失，以后的运行维护人员不会操作，转而依赖现场的手动控制

（4）验收不过关：系统在刚刚投入运行时就存在问题，无人维修

（5）硬件容易坏，软件不稳定：硬件容易坏，造成维修成本高，且增加了弱电工人的劳动量，需要增加维护人员的人数；软件运行过程中经常出故障，运行维护人员不会维护软件。以上因素导致自动控制的运行费用高于手动

二、展览场馆

（一）GB 建筑

1. 调研日期：2012 年 8 月 10 日
2. 访谈对象：工程处楼宇自控组李经理、吕工程师
3. 建筑投入使用日期：2011 年 3 月 1 日
4. 建筑面积：$19.2 \times 10^4 \mathrm{m}^2$
5. 建筑外观：略
6. 智能化系统构成：BA 系统、FA 系统、SA 系统、OA 系统（具体介绍见右侧二维码）

GB 建筑智能化系统二维码

7. 关于智能化系统的观点

（1）智能化系统对运行维护管理有很大帮助，由于需管理的点很多，如果没有智能化系统，日常的维护管理无法完成

（2）智能化系统有助于节能，但不是建成投入使用即可节能，而是需要在运行过程中，不断摸索出节能的控制策略

（二）GH 建筑

1. 调研日期：2012 年 11 月 7 日
2. 访谈对象：施工工程师吴工程师、运行维护工程师米工程师

3. 建筑投入使用日期：VAV 系统；2010 年；其他系统：2008 年

4. 建筑面积：会议室 $2.4 \times 10^4 m^2$，展厅 $3.5 \times 10^4 m^2$

GH 建筑智能化系统二维码

5. 建筑外观：略

6. 智能化系统构成：BA 系统、FA 系统、SA 系统、CA 系统（具体介绍见右侧二维码）

7. 关于智能化系统的观点

（1）投资

楼宇自控：一期 200 万元，二期 2 300 万元；安防：1 000 万元；消防：2 000 万元

（2）对运行、节能有什么帮助？

对运行帮助很大，监控室内温度、设备状态，方便管理，减轻了劳动强度，节省了人力，只有 1 个人负责弱电维护，而空调运行维护人员有 20 多个人

（3）智能化系统有什么需要改进的地方？

智能化有待改进。例如，通过楼宇自控开灯，目前只能知道继电器是否吸合，不知道灯开没开

（4）对智能化系统的功能有什么需求？

无其他需求

三、酒店

（一）BM 建筑

1. 调研日期：2012 年 8 月 22 日

2. 访谈对象：工程处黄工程师

3. 建筑投入使用日期：2008 年 12 月 20 日

4. 建筑面积：$4.0 \times 10^4 m^2$

5. 建筑外观：略

6. 智能化系统构成：BA 系统、FA 系统、SA 系统、CA 系

BM 建筑智能化系统二维码

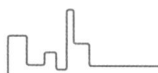

统（具体介绍见上页二维码）

    7. 关于智能化系统的观点

      （1）智能化系统对运行维护管理有些帮助，不需要到现场操作阀门等设备，但是运行维护费太高，更换一个 DDC 需要上万元

      （2）智能化系统有助于节能，但需要节能的控制策略

    8. 关于智能化系统存在问题的原因

      BA 系统建成后就没人管，但是运行维护人员不会使用自动控制功能、时间表控制功能，所以，只能通过 BA 界面手动设置设备的启停和阀门开度

（二）BY 建筑

1. 调研日期：2012 年 9 月 11 日

2. 访谈对象：工程部岳工程师、李工程师

3. 建筑投入使用日期：2011 年 6 月

4. 建筑面积：$4.5 \times 10^4 \text{m}^2$

5. 建筑外观：略

6. 智能化系统构成：BA 系统、FA 系统、SA 系统、CA 系统、OA 系统（具体介绍见右侧二维码）

BY 建筑智能化系统二维码

    7. 关于智能化系统的观点

      （1）智能化系统对运行维护管理有很大帮助，但是一旦出现问题就失控。因此，不能过份依赖智能化系统，使用不好反而会带来问题，令运行维护工作量变大，但是如果能很好地用起来的话，在投入效益上是划算的

      （2）智能化系统有助于节能，目前的运行主要靠人手动调整参数设定值，自动控制功能没完全发挥出来

      （3）目前最需要的是实现节能功效，需要设计方、施工方、业主多方协调。例如，有的温度传感器装在灯附近，测出的温度总是

偏高，空调就一直开

（三）SJ 建筑

1. 调研日期：2012 年 11 月 30 日

2. 访谈对象：工程处暖通组尹工程师、汇通华城吴工程师

3. 建筑投入使用日期：2002 年 9 月 28 日，冷站中央监控系统于 2006 年增设

4. 建筑面积：$18.7 \times 10^4 m^2$

5. 建筑外观：略

6. 智能化系统构成：BA 系统、FA 系统、SA 系统、OA 系统（具体介绍见右侧二维码）

SJ 建筑智能化系统二维码

7. 关于智能化系统的观点

（1）没有专门的弱电人员管理 BA 系统，由暖通运行人员操作 BA 系统，除设定空调设备的启停时间表外，基本没有其他操作，经常好几天不操作 BA 系统中央监控界面

（2）冷站安装有汇通华城的集中控制系统，可以与冷机通信，获取冷机运行参数、设定值，但冷机不支持远程启停，需现场启停。汇通华城冷站集中控制系统于 2006 年增设，投资 208 万元，每年可节省冷站电费约 100 万元（占冷站总电费的 20% 左右），原为合同能源管理模式，4 年承包期，运行 1 年后，业主买断设备，终止了合同能源管理模式

（3）BA 系统自 2002 年投入使用后，从未校正过传感器，亦未维修过控制系统设备，约有不到 10 台的空调设备与中央监控通信中断，由于维修费用较高、控制厂商产品更新换代等，未进行维修，靠 DDC 记忆设置，进行启停及控制调节

（4）暖通运行人员配备：冷站 6 人，末端 6 人，负责设备的清洗、维护等工作

（四）YS 建筑

1. 调研日期：2012 年 8 月 14 日

2. 访谈对象：工程处赵工程师

3. 建筑投入使用日期：2008 年

4. 建筑面积：$1.8 \times 10^4 m^2$

5. 建筑外观：略

6. 智能化系统构成：BA 系统、FA 系统、SA 系统、OA 系统、CA 系统，5A 级建筑（具体介绍见右侧二维码）

YS 建筑智能化系统二维码

7. 关于智能化系统的观点

该楼的智能化系统中有多个子系统（照明和电梯监控）和自动化设备（冷机入口电动阀）被弃之不用

8. 关于智能化系统存在问题的原因

被采访人表示由于人工成本较低，加上运行维护管理人员对自动控制系统能否可靠运行心里没底，所以对冷机等贵重设备，靠现场手动开关比较放心。笔者认为，这是由于运行维护管理人员对智能化系统不熟悉，操作技术水平不高，因此对智能化系统产生不信任感、畏惧感，宁愿通过手动操作控制设备

四、商业综合体

（一）SW 建筑

1. 调研日期：2012 年 8 月 22 日

2. 访谈对象：工程处燕经理、李工程师、马工程师

3. 建筑投入使用日期：2008 年 12 月 20 日

4. 建筑面积：$10.0 \times 10^4 m^2$

5. 建筑外观：略

6. 智能化系统构成：BA 系统、FA 系统、SA 系统、CA 系统、OA 系统（具体介绍见右侧二维码）

SW 建筑智能化系统二维码

7. 关于智能化系统的观点

（1）目前在试运行过程中，由霍尼韦尔公司进行运行维护管理，尚未交付建设单位

（2）智能化系统有助于节能，但需要细致研究节能的控制策略

8. 关于智能化系统存在问题的原因

该建筑虽然安装了 BA 系统，但是从来未投入使用，安装完成后通信、设备动作都没有实现。主要原因是弱电系统的总承包单位对 BA 系统的设计、施工、调试能力不足，未对 BA 系统进行深化设计，靠经验搭建 BA 系统，造成通信无法实现、执行器与动作机构不匹配的情况

（二）YT 建筑

1. 调研日期：2012 年 8 月 10 日

2. 访谈对象：项目部王工程师

3. 建筑投入使用日期：2012 年 3 月

4. 建筑面积：$30.5 \times 10^4 m^2$

5. 建筑外观：略

6. 智能化系统构成：BA 系统、FA 系统、SA 系统、CA 系统、OA 系统（具体介绍见右侧二维码）

YT 建筑智能化系统二维码

7. 关于智能化系统的观点

目前在试运行过程中，由霍尼韦尔公司进行运行维护管理，尚未交付建设单位

五、校园建筑

（一）JJ 建筑

1. 调研日期：2012 年 11 月 28 日

2. 访谈对象：太极计算机刘工程师

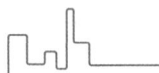

3. 建筑投入使用日期：一期 2009 年（包括办公楼，教学楼 A、B、C，图书馆，食堂，设备楼），二期 2010 年（包括宿舍楼 A、B，食堂，报告厅，文体中心）

4. 建筑面积：$14.0 \times 10^4 m^2$

5. 建筑外观：略

6. 智能化系统构成：BA 系统、FA 系统、SA 系统、OA 系统（具体介绍见右侧二维码）

JJ 建筑智能化系统二维码

7. 关于智能化系统的观点

（1）系统智能化功能比较全，可以实现冷机的远程启停

（2）自动控制策略不完善，运行人员多把空调、照明设备改到手动挡，现场启停

（3）监控点数为 4 000 点，投资约为 300 万元

（4）BA 系统工作量比例：现场连线、安装、人员协调占 40%，调试占 40%（每个点需要用万用表测量线路是否接通，随施工进度总共测量 4 次），点表配置占 20%（配置好点表后，提交霍尼韦尔公司编程、组态）

六、住宅与社区

（一）LQ 社区

1. 调研日期：2012 年 9 月 20 日

2. 访谈对象：物业管理公司经理、部分业主

3. 社区基本信息

（1）社区地址：北京市海淀区成府路 101 号

（2）物业类型：普通住宅

（3）竣工日期：2000 年

（4）物业管理费：2.83 元 /（m² · 月）

（5）开发商：略

（6）物业公司：略

（7）总建筑面积：$18.5 \times 10^4 m^2$

（8）总户数：1 283 户

（9）停车位：2 200 个

（10）容积率：2.1

（11）绿化率：30%

4．智能化系统构成

（1）社区视频监控系统

（2）社区红外入侵报警系统

（3）主入口门禁系统

　　　无

（4）公共信息电子发布系统

　　　无

（5）门禁系统

（6）可燃气体报警系统

（7）红外探测报警系统

　　　无

5．物业管理人员的需求

　　未调研

6．业主的需求

（1）希望家中可以有智能家电系统。比如，需要可以远程控制的电饭锅，在下班之前可以通过手机遥控开始煮饭，但是如果价格过高就没有必要

（2）对家里年龄比较大的老人表示需要自动吸尘器，稍微年轻一点的老人则认为擦地也是一种活动身体的方法

（3）如果可以根据室外温度来调节空调的设定温度或者控制空调的启停，还是很方便的

（4）室内线路设计不够人性化，使业主在使用家电时感觉不方便

（5）对于新型的储能空调，由于技术成本高，加之需要靠电来蓄冰，也许比晚上开普通空调更耗电

（6）因家人不具备专业的医疗知识，家中需要安装紧急呼叫按钮，可以与医院联动，也希望医院可以保证足够的人力

（7）家中可以安装墙壁自动除尘系统，方便老人使用

（8）需要根据电价差价来确定有无利用峰谷分时电价，自动启动电器的必要，并且担心夜间有些电器工作的声音吵

（二）LE 社区

1. 调研日期：2012 年 8 月 17 日

2. 访谈对象：物业管理公司续经理、业主许女士

3. 社区基本信息

　　（1）社区地址：北京市海淀区上地西二旗大街

　　（2）物业类型：普通住宅

　　（3）竣工日期：2004 年

　　（4）物业管理费：A 区公寓带电梯的为 2.36 元 /（m² · 月），不带电梯的为 1.86 元 /（m² · 月）

　　（5）开发商：略

　　（6）物业公司：略

　　（7）总建筑面积：$19.7 \times 10^4 m^2$

　　（8）总户数：1 200 户

　　（9）停车位：2 200 个

　　（10）容积率：1.67

　　（11）绿化率：35%

4. 智能化系统构成

　　（1）社区视频监控系统

　　（2）社区红外入侵报警系统

　　（3）主入口门禁系统

设有 IC 卡门磁和 IC 卡开车出入栏杆，由于系统损坏，现由人在门口手动开关

（4）公共信息电子发布系统

（5）门禁系统

（6）可燃气体报警系统

有

（7）红外探测报警系统

（8）电子巡更系统

5. 物业管理人员的需求

（1）视频监控：用于监视小区内的安全情况

（2）安防系统：用于小区入口门禁、楼栋入口门禁及小区入侵报警

6. 业主的需求

（1）很多楼从一楼到顶楼均安装防盗网，影响美观，希望能有智能防盗系统，不用防盗网

（2）水、电、煤气系统应方便使用、方便调节

（3）需要与空调联动的智能开关窗系统

（4）通过集中控制面板，远程控制洗衣机、吸尘机、烤面包机等

（5）像医院病床的那种床头比较好，方便卧床老人在一个房间中解决所有的事情

（6）可能不需要通过人体感应控制灯的开关，相对来说，通过床头控制面板集中对房间所有灯进行调节更有用，特别是夜间去厕所时通过床头控制面板开灯很方便

（7）需要自动擦地板机

（8）需要自己家门锁了没有、灯关了没有、窗关了没有等反馈系统

（9）特别是对于上班的人而言，自动定时开关洗衣机的功能很有用

（10）需要根据电价差价来确定有无利用峰谷分时电价，自动启动电器的必要，并且担心夜间有些电器工作的声音吵

（11）由于残疾人操作电梯按钮不方便，最好确立一个通用协议，从

轮椅直接遥控。开车时常够不着入口栏杆的按钮，最好能遥控

（12）需要一个智能管理系统提示重要的东西经常放哪里等信息

（三）LN 社区

1. 调研日期：2012 年 8 月 28 日

2. 访谈对象：物业管理公司刘经理、业主韩先生

3. 社区基本信息

（1）社区地址：北京市海淀区上地西二旗中路 6 号

（2）物业类型：普通住宅

（3）竣工日期：2011 年

（4）物业管理费：别墅 4.2 元／（m^2·月）；洋房、高层板楼、MINI墅 2.8 元／（m^2·月）

（5）开发商：略

（6）物业公司：略

（7）总建筑面积：$47.0 \times 10^4 m^2$

（8）总户数：2 500 户

（9）停车位：2 200 个

（10）容积率：1.13

（11）绿化率：30%

4. 智能化系统构成

（1）社区视频监控系统

（2）社区红外入侵报警系统

（3）主入口门禁系统

业主通过刷 IC 卡进入社区；车辆配有专属 IC 卡出入栏杆，自动感知抬杆

（4）公共信息电子发布系统

无电子显示屏，仅在人员密集区域有广播设施，在社区内绿地附近每天早上会播放轻音乐

（5）门禁系统

（6）可燃气体报警系统

　　　无

（7）红外探测报警系统

　　　无

（8）户内报警系统

5．物业管理人员的需求

（1）国家应规范产品设计标准，使得不同品牌的产品可以兼容

（2）产品的总体设计不是很完善，比如应有防雷设计

（3）整个门禁系统存在设计缺陷，串联式会造成一个损坏、整网瘫痪的结果，排查过程费时费力

6．业主的需求

（1）从安全第一的角度考虑，希望社区中的门禁系统可以有人脸识别功能，这样可以省去输入密码的麻烦，也可以解决忘带门禁卡而不能回家的问题

（2）安防系统的设备质量不过关，维修频率高，排查难度大，对业主的安全保证不足

（3）随着社会老龄化的加剧，将会出现更多的空巢老人，对智能型机器人需求将越来越大，以代替子女照顾父母

（4）需要根据电价差价来确定有无利用峰谷分时电价，自动启动电器的必要，并且担心夜间有些电器工作的声音吵

（5）可以有一个集成控制系统，在夜间控制空置房屋内窗户的开度，既能使房间内空气流通，又不会使窗户开度过大

（6）入户的门禁系统设计过于复杂，不利于普通大众使用，以至于已有的功能闲置

（7）需要自动擦地板机

（8）希望房间内的一些小零件坏了可以自行购买与修理，而不是只能通过物业从厂家订货，从而缩短维修周期

（9）物业可以在一段时间内对一些房屋中介进行允许进入楼房的授权，过期之后则不能随意进入，以免造成干扰

（四）XS 社区

1. 调研日期：2012 年 10 月 9 日
2. 访谈对象：物业管理公司郭经理、业主王先生
3. 社区基本信息

（1）社区地址：北京市海淀区圆明园西路中央党校住宅区北侧

（2）物业类型：普通住宅

（3）竣工日期：2004 年

（4）物业管理费：2.5~2.9 元 /（m^2 · 月）

（5）开发商：略

（6）物业公司：略

（7）总建筑面积：17.6 × 10^{4}m^2

（8）总户数：644 户

（9）停车位：682 个

（10）容积率：1.1

（11）绿化率：30%

4. 智能化系统构成

（1）社区视频监控系统

（2）社区红外入侵报警系统

（3）主入口门禁系统

（4）车辆出入管理系统

（5）公共信息广播系统

（6）门禁系统

（7）可燃气体报警系统

（8）红外探测报警系统

每栋楼一层住户外窗都装有红外入侵报警系统，其他楼层并未

安装该系统

（9）消防系统

5．物业管理人员的需求

（1）监控系统可以和局部广播系统联动，在有紧急情况发生的时候，可以通过广播向业主发出应对信息或向坏人发出警告

（2）红外周界系统报警后，摄像头过2~3秒后才转向报警地点，错过最佳查看的时间

（3）希望可以增加人脸识别功能，方便取证，以及控制访客在社区内的进出，但因成本问题，还只能在一些高端社区实现，不能广泛普及

（4）产品的防雷功能要做好，并应增加使用周期，以降低维护成本

（5）门禁系统有时会因电脑故障而整体瘫痪，只能靠断电开门，希望可以解决这个问题，能够有更可靠的门禁系统

（6）摄像头信号不稳定，分辨率不够高，尤其是案件多发于夜间，需要彩色高清摄像头

（7）改进门禁系统，使出门也必须刷卡，提高窃贼出门的难度，为抓捕增加时间

（8）由于住户越来越多，门禁系统运行越来越缓慢，希望可以找到方法改善这种情况

6．业主的需求

（1）忘带或丢失 IC 卡将不能进出地下车库、单元门、社区门，必须联系物业人员才能进门，而且在地下车库手机没有信号，门禁没对讲系统，无法联系物业人员，只能先从车库入口步行出来，路程很远，非常不方便

（2）家中的照明、家电、门窗自动控制系统，性价比不高，产品的质量没有保证，后续维修花销大，并且过于专业，业主担心不会使用

（3）需要电视、手机、电脑联动，方便远程控制、查看信息文件，

实现实时共享

（4）自动清扫达不到一定的深度和精度，不如人工清理方便、干净

（5）希望可以直接呼叫医院的联络系统，使医院可以在病人到达前就提前做好准备，减少等待时间，为病人争取更多治疗时间

（6）应该建立有关住宅设备的数据库，令业主可以直接联系到厂家，而不是每次维修都要重新找人、全部更换，浪费财力、精力

（7）希望可以有明确的国家标准规范各厂家的产品，使之可以相互通用

（8）家中最好能有照顾老人的机器人，可以陪老人聊天，提醒老人吃药，通过摄像头业主可时刻监控老人的行动等

（五）DF 社区

1. 调研日期：2012 年 9 月 19 日
2. 访谈对象：部分业主、物业董助理、售楼人员
3. 社区基本信息

（1）社区地址：北京市顺义区潮白河畔

（2）物业类型：普通住宅

（3）竣工日期：一期 2003 年，二期 2005 年，三期 2008 年

（4）物业管理费：平均 2.45 元 /（m^2·月）

（5）开发商：略

（6）物业公司：略

（7）总建筑面积：$70.7 \times 10^4 m^2$

（8）容积率：0.42

（9）绿化率：80%

4. 智能化系统构成

（1）社区视频监控系统

全区约有摄像头 260~270 个

（2）社区红外入侵报警系统

无

（3）主入口门禁系统

具有车牌识别功能，在 LED 屏上显示识别出的进出车辆的车牌

（4）公共信息电子发布系统

无

（5）门禁系统

一、二期建成年代较久远，部分门禁对讲机损坏，业主表示可视系统并未安装（因未进入户内调研，具体情况未知）。楼门与户门均采用 IC 卡形式，但楼门读卡器容易损坏，需靠输入密码进入，但是很多人都知道密码，并不安全

三期门禁系统具有可视对讲功能，且可以与物业交流

（6）可燃气体报警系统

（7）红外探测报警系统

无

（8）户内报警系统

5. 物业管理人员的需求

智能化系统有利有弊：在一定程度上能够节约管理成本和时间，例如社区门口车牌识别系统等使得安全管理更严格；但是智能化系统毕竟没有人那么灵活，部件也容易损坏，前期资金投入大，后期的维护保养也带来一定的工作量

6. 业主的需求

（1）由于业主多为老年人，目前最大的需求是户内需设置医护人员呼叫铃。三期建筑有此功能

（2）楼门门禁系统由于读卡器损坏，而密码人人都知道，存在安全隐患。受访业主中有一清华大学机械系的毕业生，他推测门禁系统出故障是由于楼门阻力器阻力小，关门震动强，导致电路板损坏。业主希望维修人员能有更高的水平

（3）对于室内家居，如煮饭、窗帘开关的定时控制，业主认为实用性不高，且对老年人来说过于复杂

（4）户内报警装置是有必要的

（5）便利的智能化家居产品，如自动吸尘器、擦地机等是很好的选择，但价钱昂贵，一般不考虑

7. 调研总结

（1）本次调研由于未能得到物业方面的配合，没能对整个社区的智能化系统做一个比较完整的调查与评价，比较有价值的信息来自部分业主

（2）从调研中发现，该社区智能总体化水平并不是特别高，只有一些基本的安防、家居服务，但由于该社区主要面向老年人这一特殊人群，并不需要过于复杂、先进的智能化系统。然而在特殊需求方面（如医护人员呼叫铃），社区在前期工程中并没有做得很好。笔者认为，对于建筑、社区的智能化，用户的需求应摆在第一位，先进技术只是更好地为用户服务的手段

附录2 公共建筑智能化系统问卷调研

个人信息调查表（请选中想要选择的选项的复选框"☑"）
1	您的性别是： □男　　　　□女
2	您的年龄是： □≤20岁　　□21~30岁　　□31~40岁　　□41~50岁　　□≥51岁
3	您的学历是： □中专及以下　　□大专　　□本科　　□硕士研究生　　□博士研究生
4	您的专业是： □建环（暖通空调）　　□自动化　　□电子与电气　　□计算机　　□管理 □其他（请具体填写）
5	您所在单位的性质是（多选）： □楼宇自控系统集成　　□楼宇自控系统施工　　□楼宇自控产品生产　　□物业管理 □政府部门　　□教育、科研部门　　□设计咨询　　□其他（请具体填写）＿＿＿＿＿
6	您从事的职业是（多选）： □楼宇自控系统设计　　　　□楼宇自控系统安装　　　　□楼宇自控产品开发 □楼宇自控产品售后服务　　□物业管理　　　　　　　　□办公室职员 □其他（请具体填写）＿＿＿＿＿＿＿＿＿＿＿＿＿
7	您工作单位所在的城市（请填写）＿＿＿＿＿＿＿＿＿＿

智能建筑现状调查表（请选中想要选择的选项的复选框"☑"）
1	您所熟悉的（设计、施工或管理过的）智能建筑的数量是： □0　　□1　　□2~5　　□6~10　　□≥11
2	您所熟悉的（设计、施工或管理过的）规模最大的智能建筑的建筑面积（$\times 10^4 m^2$）是： □<1　　□1~5　　□6~10　　□11~20　　□≥21
3	您所熟悉的（设计、施工或管理过的）规模最小的智能建筑的建筑面积（$\times 10^4 m^2$）是： □<1　　□1~5　　□6~10　　□11~20　　□≥21
4	智能建筑与普通建筑相比，您的综合评价是： □好　　□差不多　　□不好
5	您认为智能建筑比普通建筑好的方面有（多选）： □方便管理，减轻运行人员工作量，减少运行人员数量 □自动报警，建筑更安全 □自动控制比手动控制更容易实现节能 □提高室内环境的舒适度 □提高用户的办公方便程度 □其他（请具体填写）＿＿＿＿＿＿＿＿＿＿＿＿＿

智能建筑现状调查表（请选中想要选择的选项的复选框 "☑"）

6	您认为智能建筑比普通建筑不好的方面有（多选）： □传感器等需维护的点太多，增加了运行人员工作量，需要更多运行人员 □自动化系统误报警的情况很多 □自动化系统易出故障，难以实现节能 □自动控制参数设置难，易造成室内温湿度的波动 □自动化系统出故障时，造成影响大 □其他（请具体填写）＿＿＿＿＿＿＿＿＿＿＿＿＿＿＿
7	您所管理过的智能建筑安装的系统有（建设前确定的建设目标是几A建筑？）（多选）： □建筑设备自动化系统　　□火灾报警自动化系统　　□紧急疏散引导自动化系统 □安全防范自动化系统　　□办公自动化系统　　　　□通信自动化系统 □1A　　□2A　　□3A　　□4A　　□5A　　□6A　　□7A　　□8A　　□未定义几A
8	您所管理的智能建筑能够实现的功能有（多选）： □空调系统能够自动调节，满足温湿度设定值 □机电设备可以从中央监控室远程监测、启停 □机电设备可以通过互联网从建筑以外的某处远程监测、启停 □发生火灾时能自动报警 □火灾、地震等紧急时刻能够自动指示最佳疏散路径，引导快速疏散 □有自动门禁 □对非法入侵能够监测、报警 □办公、管理能实现联网、自动化 □数据、语音通信能实现自动化
9	您所管理的智能建筑是否达到预期功能？ □完全达到　　　　□基本达到　　　　□远未达到
10	您所管理的智能建筑未达到预期功能的原因有（多选）： □系统设计无法实现期望的功能 □施工质量无法实现期望的功能 □调试与性能检验不充分 □传感器、执行器等需要维护的点太多，维护管理困难 □运行维护人员培训不足 □产品售后服务无法满足要求 □其他（请具体填写）＿＿＿＿＿＿＿＿＿＿＿＿＿＿＿
11	下列哪些措施有助于实现智能建筑预期功能（多选）？ □贯穿工程立项、设计、施工、调试、验收、运行全过程的标准化的功能描述 □贯穿工程立项、设计、施工、调试、验收、运行全过程的性能检验 □传感器、执行器等的定期校正、保养 □传感器、执行器等的自动故障检测与诊断 □运行维护人员的定期培训 □更加可靠、易用的新楼宇自控系统平台的开发 □相关规范、标准、政策、法规的制定、完善 □其他（请具体填写）＿＿＿＿＿＿＿＿＿＿＿＿＿＿＿

智能建筑现状调查表（请选中想要选择的选项的复选框"☑"）

12 您所管理的智能建筑与普通建筑相比，其能耗水平是：
□高　　　　□差不多　　　　□低

13 您所管理的智能建筑能耗高的原因有（多选）：
□建筑的档次高、舒适水平高，导致能耗高
□建筑设备的运行时间长，导致能耗高
□传感器、执行器等易出故障，导致能耗高
□空调系统设计不够完善，导致冷热抵消运行
□自动控制策略不完善，导致冷热抵消运行
□外窗不可开启，无法利用室外冷空气等免费冷源供冷
□其他（请具体填写）＿＿＿＿＿＿＿＿＿＿＿＿＿

14 您所管理的智能建筑能耗低的原因有（多选）：
□自动控制实现了更精细、优化的节能运行
□按时间表启停设备，避免了忘记关设备造成的浪费
□利用红外人体传感器实现了人走关灯、关空调
□建筑的围护结构保温隔热性能好
□充分利用自然通风、室外冷空气等免费冷源供冷
□建筑使用率、出租率不高
□其他（请具体填写）＿＿＿＿＿＿＿＿＿＿＿＿＿

15 您所管理的智能建筑中空调系统的运行情况有（多选）：
□自动调节阀门开度和风机、水泵等的出力，并优化节能运行
□自动调节阀门开度和风机、水泵等的出力，没有优化节能
□无法自动调节阀门开度和风机、水泵等的出力，只有按照时间表自动启停
□无法自动调节阀门开度和风机、水泵等的出力，通过监控系统界面手动启停
□通过现场电控柜手动启停
□其他（请具体填写）＿＿＿＿＿＿＿＿＿＿＿＿＿

16 您所管理的智能建筑的自动化系统的投入使用年数是：
□<1年
□1~2年
□3~5年
□6~10年
□11~20年
□≥21年

17 您所管理的智能建筑的传感器、执行器等的校正、保养频率是：
□<半年1次
□半年~1年1次
□1~2年1次
□>2年1次
□出故障时进行维修，无定期保养
□其他（请具体填写）＿＿＿＿＿＿＿＿＿＿＿＿＿

智能建筑现状调查表（请选中想要选择的选项的复选框"☑"）	
18	施工阶段的各项工作所占时间比例是： 1）深化设计 □<1% □1%~10% □11%~20% □21%~30% □31%~40% □41%~50% □51%~60% □≥61% 2）本地控制器软件编程 □<1% □1%~10% □11%~20% □21%~30% □31%~40% □41%~50% □51%~60% □≥61% 3）本地控制器软件调试 □<1% □1%~10% □11%~20% □21%~30% □31%~40% □41%~50% □51%~60% □≥61% 4）系统集成软件编程 □<1% □1%~10% □11%~20% □21%~30% □31%~40% □41%~50% □51%~60% □≥61% 5）系统集成软件调试 □<1% □1%~10% □11%~20% □21%~30% □31%~40% □41%~50% □51%~60% □≥61% 6）其他（请具体填写）＿＿＿＿＿＿＿＿＿＿＿＿＿＿＿ □<1% □1%~10% □11%~20% □21%~30% □31%~40% □41%~50% □51%~60% □≥61%
19	智能化系统的各项费用所占比例是： 1）硬件 □<1% □1%~10% □11%~20% □21%~30% □31%~40% □41%~50% □51%~60% □≥61% 2）软件 □<1% □1%~10% □11%~20% □21%~30% □31%~40% □41%~50% □51%~60% □≥61% 3）设计 □<1% □1%~10% □11%~20% □21%~30% □31%~40% □41%~50% □51%~60% □≥61% 4）调试 □<1% □1%~10% □11%~20% □21%~30% □31%~40% □41%~50% □51%~60% □≥61% 5）检测 □<1% □1%~10% □11%~20% □21%~30% □31%~40% □41%~50% □51%~60% □≥61% 6）其他（请具体填写）＿＿＿＿＿＿＿＿＿＿＿＿＿＿＿ □<1% □1%~10% □11%~20% □21%~30% □31%~40% □41%~50% □51%~60% □≥61%
20	智能化系统施工工人的主要技术资质是： □无 □初级工 □中级工 □高级工 □助理工程师 □工程师及以上
21	智能化系统运行维护管理人员的主要技术资质是： □无 □初级工 □中级工 □高级工 □助理工程师 □工程师及以上
22	楼宇自控系统数据保存时长是： □<1个月 □1~2个月 □2个月~半年 □半年~1年 □1~2年 □>2年
23	楼宇自控系统数据记录的时间间隔是： □<1分钟 □1~10分钟 □11~20分钟 □21~30分钟 □31分钟~1小时 □>1小时
24	中控室监测数据的刷新频率是： □<1秒 □1~2秒 □3~10秒 □11~30秒 □31秒~1分钟 □>1分钟
25	中控室的监测数据是否全部存档保存？ □全部保存 □部分保存

	智能建筑现状调查表（请选中想要选择的选项的复选框"☑"）
26	空调箱（AHU）的控制策略有（多选）： □通过中控界面远程启停 □按照时间表自动启停 □只有启停控制，不根据房间温度调节风机或水阀 □根据房间温度与其设定值的偏差调节风机转速 □根据房间温度与其设定值的偏差调节水阀开度 □根据房间温度与其设定值的偏差调节送风温度设定值 □根据送风温度与其设定值的偏差调节水阀开度 □不控制房间湿度 □根据房间湿度与其设定值的偏差调节风机转速 □根据房间湿度与其设定值的偏差调节水阀开度 □根据房间湿度与其设定值的偏差调节送风湿度设定值 □根据送风湿度与其设定值的偏差调节水阀开度 □四管制，同时供应冷、热水，但是冷水阀和热水阀不同时开启 □四管制，同时供应冷、热水，根据送风温度与其设定值的偏差调节热水阀开度，根据送风湿度与其设定值的偏差调节冷水阀开度 □其他（请具体填写）＿＿＿＿＿＿＿＿＿＿
27	风机盘管（FCU）的控制策略有（多选）： □通过中央监控界面远程启停 □按照时间表自动启停 □只有启停控制，不根据房间温度调节风机或水阀 □根据房间温度与其设定值的偏差调节风机挡位 □根据房间温度与其设定值的偏差调节水阀开关 □用户设定风机挡位 □根据房间温度与其设定值的偏差调节水阀打开时间比例（占空比） □不控制房间湿度 □根据房间湿度与其设定值的偏差调节风机挡位 □根据房间湿度与其设定值的偏差调节水阀开关 □根据房间湿度与其设定值的偏差调节水阀打开时间比例（占空比） □四管制，同时供应冷、热水，但是冷水阀和热水阀不同时开启 □四管制，同时供应冷、热水，根据房间温度与其设定值的偏差调节热水阀开度，根据房间湿度与其设定值的偏差调节冷水阀开度 □其他（请具体填写）＿＿＿＿＿＿＿＿＿＿
28	变风量（VAV）系统的控制策略有（多选）： □总风量控制　　　□定静压控制　　　□变静压控制　　　□其他（请具体填写）＿＿＿＿＿＿

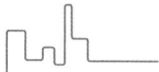

智能建筑现状调查表（请选中想要选择的选项的复选框"☑"）	
29	空调水循环泵的控制策略有（多选）： □通过中央监控界面远程启停 □按照时间表自动启停 □只有启停和台数控制，不调节水泵转速 □根据冷机运行台数，确定水泵运行台数 □根据分集水器压差与其设定值的偏差调节水泵台数和转速 □根据最不利回路压差与其设定值的偏差调节水泵台数和转速 □根据分集水器温差与其设定值的偏差调节水泵台数和转速 □根据最不利回路温差与其设定值的偏差调节水泵台数和转速 □根据所有末端用户的需求反馈或水阀状态调节水泵台数和转速 □根据部分代表性末端用户的需求反馈或水阀状态调节水泵台数和转速 □定供回水压差设定值 □定供回水温差设定值 □根据回水温度与其设定值调节压差设定值 □其他（请具体填写）＿＿＿＿＿＿＿＿＿＿＿＿＿＿＿
30	冷却水循环泵的控制策略有（多选）： □通过中央监控界面远程启停 □按照时间表自动启停 □只有启停和台数控制，不调节水泵转速 □根据冷机运行台数，确定水泵运行台数 □根据供回水温差与其设定值的偏差调节水泵台数和转速 □定供回水温差设定值 □根据大气情况，改变供回水温差设定值 □根据天气情况，按经验确定水泵台数和转速 □使冷机、冷却塔、冷却水泵总能耗最小，实时确定最优的台数和转速 □其他（请具体填写）＿＿＿＿＿＿＿＿＿＿＿＿＿＿＿
31	冷却塔的控制策略有（多选）： □通过中央监控界面远程启停 □按照时间表自动启停 □只有启停和台数控制，不调节风机转速 □根据冷机运行台数，确定冷却塔风机运行台数 □冷却塔风机停止时，相应的进塔水阀关闭 □冷却塔风机停止时，相应的进塔水阀不关闭 □根据冷却塔出水温度与其设定值的偏差调节风机转速 □冷却塔风机转速与冷却水泵转速按比例变化 □确定冷却塔出水温度设定值 □根据天气情况，改变冷却塔出水温度设定值 □根据天气情况，按经验确定冷却塔风机运行台数和转速 □使冷机、冷却塔、冷却水泵总能耗最小，实时确定最优的风机运行台数和转速 □其他（请具体填写）＿＿＿＿＿＿＿＿＿＿＿＿＿＿＿

	智能建筑现状调查表（请选中想要选择的选项的复选框 "☑"）
32	冷水机组的控制策略有（多选）： □通过中央监控界面远程启停 □按照时间表自动启停 □不能通过楼宇自控系统远程操作，只能通过冷机的现场控制柜启停、修改供水温度设定值 □冷机停止时，相应的水阀关闭 □冷机停止时，相应的水阀不关闭 □确定冷机供水温度设定值 □根据天气情况，按经验确定冷机供水温度设定值 □根据天气情况，按经验确定冷机运行台数 □根据供水温度与其设定值的偏差，按经验确定冷机运行台数 □根据供回水温差，按经验确定冷机运行台数 □使冷机、末端设备、冷冻水泵总能耗最小，实时确定最优的冷机运行台数 □其他（请具体填写）_____
33	如果原来由BA系统提供监控功能，后来放弃使用，其原因有（多选）： □传感器、执行器故障，以及通信异常等问题导致运行异常，失去对自控系统的信任 □与本地控制器等未能实现通信，该监控功能没有调试通过，未投入使用 □通信协议不兼容、不公开，协议转化网关费用高或没有相关产品 □增设了功能多、使用方便、运行可靠的子监控系统（如照明、电梯等单独的监控系统） □其他（请具体填写）_____
34	如果原来由BA系统提供电动阀等自控设备，后来放弃使用，其原因有（多选）： □执行器故障、通信异常等问题导致运行异常，失去对自控系统的信任 □驱动电机等容易损坏，来不及更换（出故障频率约为____次／年） □电动阀等动作不准（例如，指令开度为0，实际动作结果有一定的开度，造成电动阀关闭不了） □对于冷机等贵重机器相关设备的操作，手动操作比自动操作更可靠、保险 □其他（请具体填写）_____

	对智能建筑提供的功能、工程施工、运行维护的需求（请选中想要选择的选项的复选框 "☑"）
1	系统完全不需我的输入，自动将温湿度、亮度、空气质量等调节到舒适的状态。 □非常需要　　□有点需要　　□有没有均可　　□有点不需要　　□完全不需要
2	系统根据我输入的"冷、热、干、湿、吹"等不舒适感，自动调节，消除我的不舒适感。 □非常需要　　□有点需要　　□有没有均可　　□有点不需要　　□完全不需要
3	系统自动开关灯、空调、窗、遮阳设备等，不提供手段让我主动开关这些设备。 □非常需要　　□有点需要　　□有没有均可　　□有点不需要　　□完全不需要
4	我可以通过按键或给系统发指令的方式主动开关灯、空调、窗、遮阳设备等。 □非常需要　　□有点需要　　□有没有均可　　□有点不需要　　□完全不需要

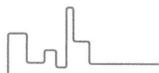

对智能建筑提供的功能、工程施工、运行维护的需求（请选中想要选择的选项的复选框"☑"）

5	我感觉不到后台控制系统的存在，我拥有对灯、空调、窗、遮阳设备等的控制权。 □非常需要　　□有点需要　　□有没有均可　　□有点不需要　　□完全不需要
6	实现各种设备的协调节能运行。 □非常需要　　□有点需要　　□有没有均可　　□有点不需要　　□完全不需要
7	保证建筑与设备的安全运行。 □非常需要　　□有点需要　　□有没有均可　　□有点不需要　　□完全不需要
8	提高设备运行维护、资料管理等工作的效率。 □非常需要　　□有点需要　　□有没有均可　　□有点不需要　　□完全不需要
9	能够远程监测环境、设备状态，启动、停止设备。 □非常需要　　□有点需要　　□有没有均可　　□有点不需要　　□完全不需要
10	能够自动检测起火，并进行消防报警。 □非常需要　　□有点需要　　□有没有均可　　□有点不需要　　□完全不需要
11	在发生火灾、地震等紧急时刻能够指示最佳疏散路径，快速引导人员安全疏散到室外。 □非常需要　　□有点需要　　□有没有均可　　□有点不需要　　□完全不需要
12	即插即用、方便扩展、自组织、自识别、无须配置的全新自控系统平台。 □非常需要　　□有点需要　　□有没有均可　　□有点不需要　　□完全不需要
13	自动检测与诊断故障、实现优化节能的专家系统。 □非常需要　　□有点需要　　□有没有均可　　□有点不需要　　□完全不需要
14	响应分时电价、用户需求，实现优化运行的分布式能源智能控制系统。 □非常需要　　□有点需要　　□有没有均可　　□有点不需要　　□完全不需要
15	根据建筑受力、震动状况，预测地震，报告建筑受损情况，具备自恢复功能。 □非常需要　　□有点需要　　□有没有均可　　□有点不需要　　□完全不需要
16	完善技术规范、制度，确保工程施工质量。 □非常需要　　□有点需要　　□有没有均可　　□有点不需要　　□完全不需要
17	改善收费制度，确保系统设计、调试、检测检验质量。 □非常需要　　□有点需要　　□有没有均可　　□有点不需要　　□完全不需要
18	改善运行维护管理制度，由有资质的专业单位进行维护管理，确保运行维护质量。 □非常需要　　□有点需要　　□有没有均可　　□有点不需要　　□完全不需要
19	其他（请具体填写）＿＿＿＿＿＿＿＿＿＿＿＿＿＿＿＿＿＿＿＿＿＿ □非常需要　　□有点需要　　□有没有均可　　□有点不需要　　□完全不需要

	您所熟悉的（设计、施工或管理过的）智能建筑的建设流程（每张表对应一栋建筑） （请选中想要选择的选项的复选框"☑"）
1	建筑名称：_____　　　所在城市：_____
2	建筑面积（×10⁴m²）： □＜1　　　□1~5　　　□6~10　　　□11~20　　　□≥21
3	在项目规划阶段，智能化相关专业人员是否参加？ □是　　　　□否
4	智能化系统的招标是在建筑招标之外单独进行的吗？ □是　　　　□否
5	智能化系统的设计单位是： □建筑设计院 □智能化系统总承包单位 □各个智能化子系统的分承包单位 □各个智能化子系统的产品提供商 □专门的智能化系统设计单位 □其他（请具体填写）_____
6	建筑空调、给排水等专业给智能化专业提出了哪些功能需求（多选）？ □没提具体的功能需求 □提出了传感器安装位置、量程、精度等需求 □提出了执行器安装位置、类型、精度等需求 □提出了控制目标、精度等需求 □提出了具体的控制策略 □其他（请具体填写）_____
7	智能化系统设计的依据有（多选）： □系统招标文件　　　□建筑设备专业提供的需求文档　　　□规范、标准 □产品说明书　　　　□其他（请具体填写）_____
8	智能化系统实施的依据有（多选）： □系统招标文件　　　□建筑设备专业提供的需求文档　　　□规范、标准 □产品说明书　　　　□系统施工图　　　　　　　　　　　□其他（请具体填写）_____
9	智能化系统调试与性能检验的依据有（多选）： □系统招标文件　　　□建筑设备专业提供的需求文档　　　□规范、标准 □产品说明书　　　　□系统施工图　　　　　　　　　　　□调试与性能检验文档 □其他（请具体填写）_____
10	智能化系统调试与性能检验的信息点数量是： □100%全部检验　　　□抽样检验，抽检率≥90%　　　□抽样检验，抽检率≥70% □抽样检验，抽检率＜70%　　　□其他（请具体填写）_____

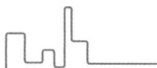

	您所熟悉的（设计、施工或管理过的）智能建筑的建设流程（每张表对应一栋建筑） （请选中想要选择的选项的复选框"☑"）		
11	智能化系统调试与性能检验的内容有（多选）： □检查每个监控点的状态是否都能正确获得及显示 □检查每个监控点状态获取的延迟时间 □用标准仪表校核、修正传感器读数 □检查执行器的执行结果是否与指令一致 □检查达到报警阈值时能否正常报警及产生相应连锁动作 □模拟空调负荷，检查空调控制策略的控制效果 □其他（请具体填写）＿＿＿＿＿＿＿＿＿＿		
12	智能化系统验收的依据有（多选）： □系统招标文件　　　　　□建筑设备专业提供的需求文档　　　　□规范、标准 □产品说明书　　　　　　□系统施工图　　　　　　　　　　　　□调试与性能检验文档 □其他（请具体填写）＿＿＿＿＿＿＿＿＿＿		
13	智能化系统验收的信息点数量是： □100%全部检验　　　　　□抽样检验，抽检率≥90%　　　□抽样检验，抽检率≥70% □抽样检验，抽检率≥50%　□抽样检验，抽检率≥30% □其他（请具体填写）＿＿＿＿＿＿＿＿＿＿		
14	智能化系统验收单位是： □建设单位　　　　　　　□总承包单位　　　　　　□施工单位 □建设、承包、施工以外的第三方专业部门 □其他（请具体填写）＿＿＿＿＿＿＿＿＿＿		
15	智能化系统建成投入使用时的交接内容有（多选）： □系统招标文件　　　　　□建筑设备专业提供的需求文档　　　　□规范、标准 □产品说明书　　　　　　□系统竣工图　　　　　　　　　　　　□调试与性能检验文档 □验收文档　　　　　　　□运行维护管理人员培训　　　　　　　□系统使用说明书 □其他（请具体填写）＿＿＿＿＿＿＿＿＿＿		

	您所熟悉的（设计、施工或管理过的）智能建筑的系统架构 （请选中想要选择的选项的复选框"☑"）				
1	建筑名称：＿＿＿＿＿＿＿＿＿＿　　　　所在城市：＿＿＿＿＿＿＿＿＿＿				
2	建筑面积（×10^4m^2）： □<1　　　　□1~5　　　　□6~10　　　　□11~20　　　　□≥21				

您所熟悉的（设计、施工或管理过的）智能建筑的系统架构 （请选中想要选择的选项的复选框"☑"）		
3	建筑设备监控系统的架构是： □基于控制器的平台　　　□控制器＋远程IO平台　　　□完全基于通信的平台 □其他（请具体填写）_____		
4	各传感器、执行器的主要生产商有（多选）： □霍尼韦尔　　□江森　　□山武　　□施耐德　　□同方　　□西门子 □其他（请具体填写）_____		
5	系统集成的提供商有（多选）： □霍尼韦尔　　□江森　　□山武　　□施耐德　　□同方　　□西门子 □其他（请具体填写）_____		
6	所采用的信息化技术有（多选）： □有线通信智能传感器　　□有线通信智能执行器　　□无线通信智能传感器 □无线通信智能执行器　　□以太网通信　　□现场总线通信 □其他（请具体填写）_____		
7	所采用的现场总线技术有（多选）： □485总线　　□CAN总线　　□DALI总线 □EIB总线　　□FF（基金会）总线　　□LonWorks总线 □ProfiBus总线　　□其他（请具体填写）_____		

附录3 智能家居与社区问卷调研

一、参与调查者特征

1. 您的性别是

   A 男　　　　　　B 女

2. 您的年龄是

   A ≤ 20 岁　　　B 21~30 岁　　C 31~40 岁

   D 41~50 岁　　　E 51~60 岁　　F ≥ 61 岁

3. 您的职业属于

   A 机关　　　　　B 农牧业　　　C 服务业

   D 木材、森林业　　　　　　　　E 矿采业

   F 交通运输业　G 餐饮业　　　H 建筑工程业

   I 制造业　　　J 新闻广告业　K 卫生

   L 治安人员　　M 文教　　　　N 公共事业

   O 商业　　　　P 金融业

4. 您的月收入是

   A ≤ 2 000 元　B 2 001~6 000 元　C 6 001~10 000 元

   D 10 001~50 000 元　　　　　E 50 001~100 000 元

   F ≥ 100 001 元

二、安防

1. 您认为在小区门口是否需要安装门禁系统?

   A 需要　　　　　B 有没有均可　　C 不需要

2. 您希望小区入口门禁采用下述哪种开门方式? （可多选）

   A 刷卡型　　　　B 遥控型　　　　C 面部识别型

   D 密码型

3. 您认为住宅小区是否需要周界监控?

A 需要　　　　B 有没有均可　　　　C 不需要

4. 您认为哪种监控形式最为有效?

A 保安巡逻　　B 360°摄像机　　C 红外感应器　　D 红外一体摄像机

5. 您希望采用下述哪种方式管理小区车辆出入?（可多选）

A 人工管理　　　　B 刷卡管理　　　　C 牌照自动识别

D 远距离电子标签识别

6. 您认为在单元门处是否需要安装门禁系统?

A 需要　　　　B 有没有均可　　　　C 不需要

7. 您希望楼栋单元入口门禁采用下述哪种开门方式?（可多选）

A 钥匙型　　　　B 刷卡型　　　　C 指纹型　　　　D 密码型

E 面部识别型

8. 您认为需要电梯授权使用（即在单元门处识别住户身份，电梯只到达该住户所在楼层）吗?

A 需要　　　　B 有没有均可　　　　C 不需要

9. 您认为住宅入口门上需要安装门磁（即当门被不正当打开后发出报警）吗?

A 需要　　　　B 有没有均可　　　　C 不需要

10. 您认为窗户上需要安装入侵报警设备吗?

A 需要　　　　B 有没有均可　　　　C 不需要

11. 您希望采用下述哪种窗户的安防措施?（可多选）

A 金属防盗窗　　　B 窗磁　　　C 红外感应报警器　　　D 卷帘防盗窗

12. 您认为家中是否需要安装烟感报警器，以在检测到火灾烟气时进行报警?

A 需要　　　　B 有没有均可　　　　C 不需要

13. 您认为家中是否需要安装可燃气体报警器，以在检测到煤气泄漏时进行报警?

A 需要　　　　B 有没有均可　　　　C 不需要

14. 您认为是否需要将烟感报警器与物业中控中心相连，以便发生情况后自动报警?

    A 需要   B 有没有均可   C 不需要

15. 您认为家中是否需要安装户内报警器,以便发生情况时与物业联系?

    A 需要   B 有没有均可   C 不需要

16. 您认为家中是否需要安装与医院相连的紧急呼叫器,为抢救病人争取时间?

    A 需要   B 有没有均可   C 不需要

17. 您认为家中是否需要安装安防监控设备,以便当您离家后,一旦发生情况,可以及时向您发出信息并通知物业部门进行紧急处理?

    A 需要   B 有没有均可   C 不需要

三、环境控制

1. 您认为室内照明是否需要安装人体感应器,以便能够感应室内亮度而自动开灯和关灯?

    A 需要   B 有没有均可   C 不需要

2. 您认为是否需要将电视与大门的可视门禁联动,一旦有人到访,电视可以自动将画面切换到门禁摄像头的影像,以便决定是否接见?

    A 需要   B 有没有均可   C 不需要

3. 您认为是否需要在走廊安装人体感应器,以便当有人经过时系统将自动开启照明灯具,人离开后自动关闭照明灯具?

    A 需要   B 有没有均可   C 不需要

4. 您认为浴室是否需要安装人体感应器,以便当有人进入后自动开启照明灯具,人离开后自动关闭照明灯具?

    A 需要   B 有没有均可   C 不需要

5. 您认为浴室的人体感应器是否需要与换气扇联动,以便当有人进入后自动开启换气扇排风,人离开后自动关闭换气扇?

    A 需要   B 有没有均可   C 不需要

6. 您认为书房中是否需要安装人体感应器，以便当探测到有人时可根据照度传感器测得的室内亮度来自动开启或关闭书房照明灯具？

　　A 需要　　　　B 有没有均可　　　　C 不需要

7. 如果家中的灯光等设备可以设定不同的情景模式，请您选出最需要的模式？（可多选）

　　A 普通模式：客厅中基本灯开启

　　B 迎宾模式：客厅中全部灯开启

　　C 离家模式：家中所有灯具均处于关闭状态

　　D 影院模式：灯光渐渐暗下，窗帘逐渐关闭

　　E 聚会模式：客厅大灯关闭，气氛灯光渐亮，餐厅的灯光同时亮起

　　F 睡眠模式：夜灯缓缓开启，台灯渐渐关闭

　　G 起夜模式：房间、走廊、卫生间灯缓缓开启

　　H 起床模式：夜灯关闭，换气扇打开，窗帘开启

8. 您认为家中是否需要安装温度传感器，以便根据室外及室内温度自动控制窗户开闭以及开启幅度，从而保持室内空气新鲜？

　　A 需要　　　　B 有没有均可　　　　C 不需要

9. 您认为窗帘上需要安装遥控装置吗？

　　A 需要　　　　B 有没有均可　　　　C 不需要

10. 您认为窗帘与卧室灯光需要联动（即当卧室灯开启，窗帘自动关闭）吗？

　　A 需要　　　　B 有没有均可　　　　C 不需要

11. 您认为家中是否需要安装温度及湿度传感器装置，以便空调可以根据室内温度和湿度变化进行调节？

　　A 需要　　　　B 有没有均可　　　　C 不需要

12. 您认为家中是否需要安装自动抄表系统，以便水、电、燃气用量可以自动计量、定时上报、实时查询？

　　A 需要　　　　B 有没有均可　　　　C 不需要

13. 您认为是否需要对家中的空调进行远程控制，以便在回家前就可以

提前打开空调?

A 需要　　　　B 有没有均可　　　　C 不需要

14. 您认为是否需要对家中的电饭煲进行远程控制,以便在回家前就可以自动开始煮饭?

A 需要　　　　B 有没有均可　　　　C 不需要

15. 您认为家中是否需要可以自动定时开关的洗衣机?

A 需要　　　　B 有没有均可　　　　C 不需要

16. 您认为是否需要利用峰谷分时电价,自动启动电器?例如,在夜间电价便宜时自动启动洗衣机、蓄能空调等电器。

A 需要　　　　B 看实际电价差值　　　　C 不需要

17. 您认为是否需要对家中电器进行集中控制,只需通过一个遥控器就可进行操作?

A 需要　　　　B 有没有均可　　　　C 不需要

18. 您认为是否需要在家中墙壁上安装自动除尘系统?

A 需要　　　　B 有没有均可　　　　C 不需要

19. 您认为家中是否需要自动打扫卫生的机器,如自动擦地机、自动吸尘器等?

A 需要　　　　B 有没有均可　　　　C 不需要

四、信息通信

1. 您认为家中是否需要建立户内电话网?

A 需要　　　　B 有没有均可　　　　C 不需要

2. 您认为是否需要将家中座机与手机绑定,以便当家中无人接听电话时,可以转接到指定手机?

A 需要　　　　B 有没有均可　　　　C 不需要

3. 您认为是否需要组建家庭局域网,以便资源共享,实现家中多点同时上网?

A 需要　　　　B 有没有均可　　　　C 不需要

4. 您认为是否需要使家中的门禁系统通过网关被手机控制，以便当有人忘带钥匙时，其他家庭成员就可远程遥控开锁？

　　A 需要　　　　B 有没有均可　　　　C 不需要

5. 您认为家中是否需要安装内部呼叫系统，以保证家庭成员无论在何处都可以及时相互沟通？

　　A 需要　　　　B 有没有均可　　　　C 不需要

6. 您认为小区中是否需要信息公示电子牌，方便业主了解物业动向？

　　A 需要　　　　B 有没有均可　　　　C 不需要

7. 您认为小区中是否需要背景音乐系统，在晨间或是傍晚播放优美音乐，在发生紧急情况时还可以广播？

　　A 需要　　　　B 有没有均可　　　　C 不需要

五、视听娱乐

1. 您认为家中的各个视频终端是否需要通过家庭局域网相连接，以便在各终端可以随意收看喜欢的节目？例如，未在电脑上看完的电影，在浴室中可以继续观看。

　　A 需要　　　　B 有没有均可　　　　C 不需要

2. 您认为是否需要在卧室、浴室、书房等房间安装背景音乐系统，以便在睡前、沐浴和休闲时都可以欣赏音乐？

　　A 需要　　　　B 有没有均可　　　　C 不需要

3. 您认为电视是否需要有预约录影功能，以便在无法收看电视节目时自动录下？

　　A 需要　　　　B 有没有均可　　　　C 不需要

4. 您认为家中是否需要安装专业的家庭影院系统（如灯光调节、音效调节等方面），以便足不出户就可以体验在电影院观影的震撼感受？

　　A 需要　　　　B 有没有均可　　　　C 不需要

六、费用

1. 您是否会考虑为自己的家安装一套智能家居系统？

    A 需要　　　　B 有没有均可　　　　C 不需要

2. 您更倾向于以以下哪种途径安装智能家居系统？

    A 开发商统一安装，安装费用加入房款中

    B 开发商给出不同套餐，由业主自行选择，加收安装费用

    C 根据自身需求，业主自己联系厂家进行安装

3. 对于智能家居系统，您可以承受多少安装费用？

    A < 1 万元　　　B 1 万~3 万元　　　C 4 万~10 万元　　　D ≥ 11 万元

4. 目前您最担心的智能家居系统问题是什么？

    A 价格太贵　　　B 起不到太大作用　　　C 易出故障

    D 操作复杂　　　E 其他（请具体填写）＿＿＿＿＿＿＿＿

ABSIC，2001. Project #00-2 Final Report: Building Investment Decision Support （BIDS），2001[EB/OL]. [2016-01-24]. http: //www.aia.org/aiaucmp/groups/ ek_public/documents/pdf/aiap080050.pdf

AKBARI H，1995. Validation of an Algorithm to Disaggregate Whole-building Hourly Electrical Load into End Uses. Energy，20(12): 1291-1301

ALBERT T，CHAN W L，1999. Intelligent Building Systems. Dordrecht: Kluwer Academic Publishers

ALWAER H，CLEMENTS-CROOME D J，2010. Key Performance Indicators (KPIs) and Priority Setting in Using the Multi-attribute Approach for Assessing Sustainable Intelligent Buildings. Building and Environment，45(4): 799-807

ANCEVIC M，1997. Intelligent Building System for Airport. ASHRAE Journal， 39(11): 31-35

ARKIN H，PACIUK M，1997. Evaluating Intelligent Building According to Level of Service System Integration. Automation in Construction，6(5): 471-479

BERNARD T，KUNTZE H B，2001. Sensor-based management of energy and thermal comfort.// GASSMANN O，et al. Sensor Application Vol. 2: Sensors in Intelligent Buildings. Weinheim: Wiley-VCH: 103 – 126

BLOOM E，GOHN B，2012. Smart Buildings: Ten Trends to Watch in 2012 and Beyond，Pike Research，2012[EB/OL]. (2012-01-05)[2016-01-26]. http: //www.powermag.com/ten-smart-grid-trends-to-watch-in-2012-and-beyond

BSRIA，2010. Market Sizing North America Intelligent & Integrated Technologies. Overview for CABA IIBC at AHR 2010

BURMAHL B，1999. Smart and Smarter—Intelligent Buildings Graduate to a

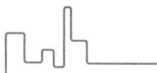

New Level. Health Facilities Management，12(6): 22-30

BUSHBY S T，1997. BACNet: A Standard Communication Infrastructure for Intelligent Buildings. Automation in Construction，6(5): 529-540

CHAN W L, SO A T P, 1999. Intelligent Building Systems. Boston: Kluwer Academic Publishers

CHEN Z, et al, 2006. A Multicriteria Lifespan Energy Efficiency Approach to Intelligent Building Assessment. Energy and Buildings，38(5): 393-409

CHEN Z, WANG F, 2013. An Investment-Benefit Assessing Approach for Intelligent Buildings: Proceedings of the 3rd International Conference on Civil Engineering and Transportation. Kunming: [s.n.]: 157-162

CHUNG W Y, et al, 2001. A Flexible, Hierarchical and Distributed Control Kernel Architecture for Rapid Resource Integration of Intelligent Building System: The 2001 IEEE International Conference on Robotics and Automation, Seoul Korea IEEE. Washington: Computer Society Press: 1981-1987

Continental Automated Buildings Association（CABA），2011. North American Intelligent Buildings Road Map

DENG P, 2009. Report of Intelligent Controls in Buildings and Environmental Building Controls China (2008—2013). Berkshire: BSRIA Limited

DOUKAS H, et al, 2007. Intelligent Building Energy Management System Using Rule Sets. Building and Environment，42(10): 3562-3569

FINCH E, 1998. Remote Building Control Using the Internet. Facilities，16(12)，356-360

FINCH E, 2001. Is IP Everywhere the Way Ahead for Building Automation? Facilities，19(11): 396-403

FU L C, SHIH T J, 2000. Holonic Supervisory Control and Data Acquisition kernel for 21st Century Intelligent Building System: Proceedings of the 2000 IEEE International Conference on Robotics and Automation. San Francisco: IEEE Computer Society Press: 2641-2646

GLUCH P, BAUMANN H, 2004. The Life Cycle Costing Approach: A Conceptual Discussion of Its Usefulness for Environmental Decision-making.

Building and Environment, 39(5): 571-580

HANNU P, 1998. Non-intrusive Appliance Load Monitoring System Based on a Modern Kwh-Meter. Espoo: Technical Research Center of Finland

HARRISON A, et al, 1998. Intelligent Buildings in Southeast Asia. London: E & FN SPON

HEIDELL J A, et al, 1985. Commercial Building End-use Energy Metering Inventory. WA: Pacific Northwest National Laboratory

HETHERINGTON W, 1999. Intelligent Building Concept. Ontario: EMCS Engineering

IEA EBC, 2016. The EBC Research Programme[EB/OL]. [2016-01-28]. http://www.iea-ebc.org/ebc

KEEL T M, 2003. Life Cycle Costing for Intelligent Buildings: CABA Intelligent and Integrated Building Council Task Forces. Ottawa: CABA

LAUGHMAN C, et al, 2003. Power Signature Analysis. IEEE power & energy magazine (2): 56-63

LU Y, et al, 2001. Pressure Sensors in the HVAC Industry. //GASSMANN O, et al. Sensor Application: Vol. 2: Sensors in Intelligent Buildings. Weinheim: Wiley-VCH: 173-199

MARCEAU M L, ZMEUREANU R, 2000. Nonintrusive Load Disaggregation Computer Program to Estimate the Energy Consumption of Major End Uses in Residential Buildings. Energy Conversion & Management, 41(13): 1389-1403

MARCHESI E, et al, 2001. Sensor Systems in Modern High-rise Elevators.// GASSMANN O, et al. Sensor Application: Vol. 2: Sensorsin Intelligent Buildings. Weinheim: Wiley-VCH: 261-291

MOTEGI N, PIETTE M A, 2002. Web-based Energy Information Systems for Large Commercial Buildings. National Conference on Building Commissioning

MUGGE G, 2001. Sensors in HVAC Systems for Metering and Energy Cost Allocation. //GASSMANN O, et al. Sensor Application: Vol. 2: Sensors in Intelligent Buildings. Weinheim: Wiley-VCH: 159-171

MYERS C, 1996. Intelligent Buildings: A Guide for Facility Managers. New York: Up Word Publishing

NEWBOROUGH M, AUGOOD P, 1999. Demand-side Management Opportunities for the UK Domestic Sector. IEE Proceedings of Generation Transmission and Distribution, 146(3): 283-293

PIETTE M A, et al, 2001. Analysis of an Information Monitoring and Diagnostic System to Improve Building Operations. Energy and Buildings, 33(8): 783-791

PREISER W F E, 2001. Feedback, Feed Forward and Control: Post-occupancy Evaluation to the Rescue. Building Research and Information, 29(6): 456-459

PREISER W F E, SCHRAMM U, 2002. Intelligent Office Building Performance Evaluation. Facilities, 20(7): 279-287

SCHOFIELD A J, et al, 1997. Automated People Counting to Aid Lift Control. Automation in Construction, 6(5): 437-445

SHARPLES S, et al, 1999. A Multi-agent Architecture for Intelligent Building Sensing and Control. International Sensor Review Journal, 19(5): 1-8

SMITH S, 1997. The Integration of Communications Networks in the Intelligent Building. Automation in Construction, 6(5): 511-527

SO A T P, TSE B W L, 2001. Intelligent Air-conditioning Control.// GASSMANN O, et al. Sensor Application: Vol. 2: Sensors in Intelligent Buildings. Weinheim: Wiley-VCH: 29-61

SO A T P, WONG K C, 2002. On the Quantitative Assessment of Intelligent Building. Facilities, 20(5): 208-216

SUN B, et al, 2013. Building Energy Management: Integrated Control of Active and Passive Heating, Cooling, Lighting, Shading, and Ventilation Systems. IEEE Transactions on Automation Science and Engineering, 10(3): 588-602

THUILLARD M, et al, 2001. Life Safety and Security Systems.// GASSMANN O, et al. Sensor Application: Vol. 2: Sensors in Intelligent Buildings. Weinheim: Wiley-VCH: 307-397

TRANKLER H R, KANOUN O, 2001. Sensor Systems in Intelligent Buildings. // GASSMANN O, et al. Sensor Application: Vol. 2: Sensors in Intelligent Buildings. Weinheim: Wiley-VCH: 485-510

VIJAYKUMAR N, 2011. Intelligent Buildings: A Green Move. SETLabs Briefings, 9(1): 73-82

WANG F, et al, 2014. Preliminary Study on Perception-based Indoor Thermal Environment Control: Proceedings of the 13th International Conference on Indoor Air Quality and Climate. Hong Kong

WANG S W, XIE J L, 2002. Integrating Building Management System and Facility Management on the Internet. Automation in Construction, 11(6): 707-715

WANG S, 2010. 智能建筑与楼宇自动化. 王盛卫, 徐正元, 译. 北京: 中国建筑工业出版社

WIGGINTON M, HARRIS J, 2002. Intelligent Skin. Oxford: Architectural Press

WONG J K W, et al, 2005. Intelligent Building Research: A Review. Automation in Construction, 14(1): 143-159

WONG J K W, LI H, 2008. Application of the Analytic Hierarchy Process (AHP) in Multi-criteria Analysis of the Selection of Intelligent Building Systems. Building and Environment, 43(1): 108-125

WONG J K W, LI H, 2010. Construction, Application and Validation of Selection Evaluation Model (SEM) for Intelligent HVAC Control System. Automation in Construction, 19(2): 261-269

Wong J K W, 2007. Development of Selection Evaluation and System Intelligence Analytic Models for the Intelligent Building Control Systems. Hong Kong: The Hong Kong Polytechnic University

WONG J, et al, 2008. Evaluating the System Intelligence of the Intelligent Building Systems. Automation in Construction, 17(3): 284-321

WONG J, LI H, 2006. Development of a Conceptual Model for the Selection of Intelligent Building Systems. Building and Environment, 41(8): 1106-1123

WONG K C, et al, 2001. The Financial Viability of Intelligent Buildings: A Faustmann Approach of Assessment. Journal of Financial Management of Property and Construction, 6(1): 41-50

WOOD G, NEWBOROUGH M, 2003. Dynamic Energy-consumption Indicators for Domestic Appliances: Environment, Behavior and Design. Energy and Buildings, 35(8), 821-841

YANG J, PENG H, 2001. Decision Support to the Application of Intelligent

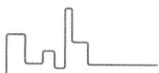

Building Technologies. Renewable Energy，22(1): 67-77

常侃，杨知深，2010. 绿色建筑与建筑节能：建筑智能化管理系统在绿色建筑中的作用. 中国仪器仪表 (7): 23-27

陈晨，等，2006. 上海市商用建筑信息数据库的初步建立与应用. // 全国暖通空调制冷 2006 年学术年会文集. 合肥: 全国暖通空调制冷 2006 年学术年会

陈程，等，2009. 公共机构建筑能耗指标的多因素影响评价. 上海节能 (2): 20-24

崔海萍，2004. 居住小区与家居智能化技术应用专项调查分析报告. 智能建筑与城市信息 (11): 19-25

方林，龙徽，2008. 建筑电气节能技术研究与探讨之四 松下建筑能耗计量系统的应用. 智能建筑 (3): 57-61

高建来，2009. 收益法在无形资产评估中应用问题探讨. 现代会计 (3): 47-49

龚威，2008. 楼宇自动控制技术. 天津: 天津大学出版社

国家发改委，财政部，2010. 节能服务公司备案名单（第一批）: 2010 年第 22 号

国家发改委，财政部，2011a. 节能服务公司备案名单（第二批）: 2011 年第 3 号

国家发改委，财政部，2011b. 节能服务公司备案名单（第三批）: 2011 年第 19 号

国务院，2007. 关于印发节能减排综合性工作方案的通知: 国发〔2007〕15 号

国务院，2008. 民用建筑节能条例: 国务院令〔2008〕第 530 号. 北京: 中国法制出版社

霍尼韦尔（中国）有限公司,2008. 能耗计量是建筑能源管理的出发点和基础. 智能建筑与城市信息 (11): 44-45

季柳金，等，2009. 能耗监测系统及分项计量技术的应用与研究. 建筑节能，37(222): 65-67

江亿，2005. 我国建筑耗能状况及有效的节能途径. 暖通空调，35(5): 30-40

江亿，2007. 大型公建推行用能定额管理. 建设科技 (14): 13

江亿，薛志峰，2004. 审视北京大型公共建筑节能. 科技潮 (10): 18-22

金飞，2009. 智能建筑集成技术及发展趋势. 中国仪器仪表 (11): 32-35

李百战，等，2010. 重庆市公共建筑能源管理现状分析. 暖通空调，40(9): 112-117

李洪江，2002. 不确定性投资决策的实物期权方法——项目综合评价、阶段性预算分析与无形资产定价. 大连: 大连理工大学

李俊，2008. 基于分项计量系统的建筑能耗拆分与节能潜力分析研究. 重庆：重庆大学

李铁牛，等，2008. 建立大型公共建筑能耗在线监测平台. 智能建筑 (6): 34-37

李引擎，等，1997. 建筑物火灾保险费率确定方法的研究. 消防技术与产品信息 (1): 8-12

联合国，1998. 京都议定书

梁境，2009. 大型公共建筑节能运行监管模式的研究. 重庆：重庆大学

林卫东，2008. 从建立健全节能监管体系探讨实施分项计量. 建筑电气 (7): 3-5

刘慧芳，等，2009. 四川省省直机关政府办公建筑的能源审计. 建筑节能，37(224): 73-75

刘肖群，等，2009. 北京大型公建节能监测平台建设. 建设科技 (8): 28-29

龙惟定，2007. 我国大型公共建筑能源管理的现状与前景. 暖通空调 (4): 37

倪德良，2008. 上海建筑能耗统计工作中的几个问题. 能源技术，29(3): 163-166

清华大学建筑节能研究中心，2008. 中国建筑节能年度发展研究报告 2008. 北京：中国建筑工业出版社

清华大学建筑节能研究中心，2010. 中国建筑节能年度发展研究报告 2010. 北京：中国建筑工业出版社

上海申银万国证券研究所有限公司，2009. 智能建筑暨建筑节能行业深度报告 [EB/OL]. (2009-01-09)[2016-02-05]. http://wenku.baidu.com/view/2540fae3524de518964b7d99.html

沈薇，2006. 重庆大学主教楼能源管理平台建设. 重庆：重庆大学

谭敏，2008. 湘潭某公共建筑能耗现状及节能分析. 山西建筑，34(21): 216-217

万美慧，孙琳，2010. 浅谈医院建筑节能. 智能建筑与城市信息 (6): 59-62

王福林，毛焯，2012. 实现智能建筑节能功效的技术措施探讨. 智能建筑 (11): 54-58

王虹，等，2010. 大型公共建筑用电分项计量关键技术措施. 建筑科学，26(8): 5-7

王建功. 智能家居系统应用成本与品牌分析 [EB/OL]. (2010-09-06)[2016-01-26]. http://www.smarthomecn.com/html/2010-09/14421.html

王美婷，等，2012.《建筑设备监控系统工程技术规范》中的标准化功能描述方法介绍. 智能建筑 (10): 23-25

王莎，2011. 能耗拆分算法在大型公建分项监测系统中的应用研究. 湖北：湖北工业大学

王同律，汪海粟，2000. 组合无形资产的分割——AHP 法在无形资产评估中的应用. 中国资产评估 (2): 13-17

王鑫，2010. 公共建筑用能分项计量综合关键技术研究. 北京：清华大学

王远，2008. 大型公共建筑用电分项计量方法研究. 北京：清华大学

魏庆芃，2009. 大型公建能耗分项计量实时监测分析系统 EMS-Ⅱ 的发展. 建筑 (3): 34-37

魏子东，霍小平，2010. 建筑能耗审计与能耗重点环节定位研究. 宁夏工程技术，9(2): 191-194

小寺利夫，1987. インテリジェントビルとは何か. 东京：有斐阁株式会社

徐义，2010. 建筑电气系统综合节能. 现代建筑电气 (2): 1-4

薛志峰，等，2005. 既有建筑运行管理与节能改造 10 例分析. 中国建设信息（供热制冷专刊）(9): 40-44

杨晓敏，2007. 上海地区公共建筑能耗现状与节能分析. 上海：同济大学

尤章金，2010. 基于 BACnetＤ议的制造业企业能源管理系统的研究. 北京：北京机械工业自动化研究所

张春枝，等，2008. 武汉市大型公共建筑能源运行管理现状研究. // 全国暖通空调制冷 2008 年学术年会文集. 重庆：全国暖通空调制冷 2008 年学术年会

张辉，等,2010. 大型公共建筑用电分项计量系统研究与进展（1）：系统构架. 暖通空调，40(8): 10-13

张亚男，等，2009. 智能建筑控制网络的研究. 暖通空调，39(3): 94-97

中国国家发展和改革委员会应对气候变化司，2010. [EB/OL]. [2016-01-28]. http://unfccc.int/files/meetings/cop_15/copenhagen_accord/application/pdf/chinacphaccord_app2.pdf

中国社会经济调查研究中心，2012. 2010—2013 年中国智能建筑产业深度分析与发展前景预测报告：SD201200608

中国智能家居网，2011. 智能家居产品技术与价格是市场成败关键 [EB/OL]. （2011-09-07）［2016-01-07］. http://www.smarthomecn.com/html/2011-09/16524.html

中华人民共和国财政部，2007. 国家机关办公建筑和大型公共建筑节能专项资

金管理暂行办法：财建〔2007〕558号

中华人民共和国财政部，中华人民共和国建设部，2007.关于加强国家机关办公建筑和大型公共建筑节能管理工作的实施意见：建科〔2007〕245号

中华人民共和国建设部，2006.智能建筑设计标准：GB/T 50314-2006.北京：中国建筑工业出版社

中华人民共和国住房和城乡建设部，2008.国家机关办公建筑和大型公共建筑能耗监测系统分项能耗数据采集技术导则

中华人民共和国住房和城乡建设部，2011.关于印发《国家机关办公建筑和大型公共建筑能耗监测系统数据上报规范》的通知：建科综函〔2011〕169号

中华人民共和国住房和城乡建设部，2014.建筑设备监控系统工程技术规范：JGJ/T 334-2014.北京：中国建筑工业出版社

钟衍，等，2008.泰豪建筑能耗计量分析系统实施方案.数字社区&智能家居(3)：55-58

周海云，2010.智能建筑能耗计量与管理设计方案的研究.西安：长安大学

索 引
INDEX